Einfach mit Porno aufhören! Die Easy-Peasy-Methode

Einfach mit Porno aufhören! Die Easy-Peasy-Methode

Hackautor

Englischer Titel:

The easy peasy way to quit porn

Englisch (original) durch:

Hackauthor² (Hackautor)

übersetzt ins Deutsche durch :

Tim Budweg

Veröffentlichung:

06.07.2022

Aktuelle Version vom:

30.09.2024

ISBN:

978-3-7597-2988-0

Über den Autor:

Dieses Buch wurde von einem anonymen Autor geschrieben, der die äußerst erfolgreiche Methode von Allen Carr, mit dem Rauchen aufzuhören, für die Pornografie neu verfasst hat.

© 2024 Hack Autor

Verlag: BoD · Books on Demand GmbH, In de Tarpen 42, 22848 Norderstedt

Druck: Libri Plureos GmbH, Friedensallee 273, 22763 Hamburg

MIX
Papier aus verantwortungsvollen Quellen
Paper from responsible sources
FSC® C105338
FSC
www.fsc.org

Inhaltsverzeichnis

1 Einleitung

Dieses Open-Source-Buch wird dich in die Lage versetzen, sofort, schmerzlos und dauerhaft mit der Pornografie aufzuhören, ohne Willenskraft und ohne das Gefühl von Entbehrungen oder Opfern. Es wird dich nicht verurteilen, beschämen oder unter Druck setzen, schmerzhafte Maßnahmen zu ergreifen.

Es gibt sogar keinen Grund, deinen Konsum beim Lesen einzuschränken oder zu reduzieren; das ist sogar schädlich.

Vielleicht macht dir der Gedanke Angst oder du gehörst zu den Millionen, die aktiv versuchen, aufzuhören (https://yourbrainrebalanced.com). Wenn das so ist, widerspricht das, was du hier gelesen hast, vielleicht allem, was man dir bisher gesagt hat - aber frage dich, ob das, was man dir gesagt hat, funktioniert hat. Wenn es so wäre, würdest du dieses Buch gar nicht lesen.

Vielleicht kannst du dich mit den folgenden Fragen identifizieren:

- Verbringst du viel mehr Zeit mit dem Anschauen von Pornografie, als du ursprünglich vorhattest?
- Bist du bei deinen Bemühungen, deinen Pornografiekonsum zu stoppen oder einzuschränken, erfolglos?
- Hat die Zeit, die du mit dem Anschauen von Pornografie verbringst, Vorrang vor deinen persönlichen oder beruflichen Verpflichtungen, Hobbys oder Beziehungen in deinem Leben eingenommen oder ist mit ihnen in Konflikt gekommen?
- Bemühst du dich, deinen Pornografiekonsum geheim zu halten (z. B. durch Löschen des Browserverlaufs oder Lügen)?
- Hat die Nutzung von Pornografie zu erheblichen Problemen in deiner Intimbeziehung geführt?

- Erlebst du einen Kreislauf von Erregung und Genuss vor und während des Pornografiekonsums, gefolgt von Scham-, Schuldund Reuegefühlen?
- Verbringst du viel Zeit damit, an Pornografie zu denken, auch wenn du sie dir nicht ansiehst?
- Hat die Nutzung von Pornografie andere negative Folgen in deinem Privat- oder Berufsleben verursacht (z. B. verpasste Arbeit, schlechte Leistungen, vernachlässigte Beziehungen, finanzielle Probleme)?

Wenn du ein Pornografiekonsument bist, der bei der Selbstbefriedigung oder beim Sex *überhaupt* und *aus welchem Grund auch immer* darauf angewiesen ist, dann musst du nur weiterlesen. Wenn du wegen eines geliebten Menschen hier bist, musst du ihn nur davon überzeugen, dieses Buch zu lesen. Wenn du ihn aber nicht überreden kannst, lies das Buch selbst. Wenn du die Methode verstehst, hilft das, die Botschaft zu vermitteln und zu verhindern, dass deine Kinder damit anfangen. Lass dich nicht von der Tatsache täuschen, dass sie jetzt keinen Zugang dazu haben - alle haben ihn, bevor sie süchtig werden.

Über das Buch

Dieses Buch ist eine umgeschriebene Version von *Allen Carr's EasyWay to Smoking* für Pornografie, es ist frei und Open Source und unter CC-BY-SA lizenziert. Sein Erfolg beruht auf folgender Grundlage: ÜBERSPRINGE KEINE KAPITEL

Wenn du ein Zahlenschloss öffnen willst, musst du die Zahlen in der richtigen Reihenfolge eingeben. Bei Sucht ist das nicht anders.

Für mich persönlich hat die Originalversion von Google Sites (die nicht von mir geschrieben wurde) mein Leben verändert. Wenn du so bist wie die meisten Menschen, hast du Pornografie schon in jungen Jahren entdeckt und sie seitdem immer wieder genutzt. Bis du über die überwältigende - allerdings etwas zensierte - Literatur gestolpert bist, die vor den Gefahren warnt. Wie ich selbst hast du es wahrscheinlich zu mehr oder weniger langen Phasen ohne Pornografie geschafft, bist aber immer wieder dem trügerischen Verlangen erlegen. Ich freue mich, dir mitteilen zu können, dass diese Methode ganz anders funktioniert und die einzige ist, die funktioniert hat.

Vielleicht hat dich aber auch jemand auf dieses Buch aufmerksam gemacht und du bist skeptisch. Zunächst einmal danke ich dir, dass du es dir wenigstens anschaust. Dazu gleich mehr, aber erinnere dich bitte kurz an das erste Mal, als du dir Pornografie angeschaut hast. Hast du damit gerechnet, dass du für den Rest deines Lebens zu ihr zurückkehren würdest? Meinen eigenen informellen Studien zu diesem Thema zufolge (ich habe Freunde dazu genötigt, dieses Buch zu lesen) ist EasyPeasy für gelegentliche Pornografiekonsumenten genauso effektiv wie für schwer süchtige Menschen. Es ist nicht furchtbar lang, mit hohen Chancen auf große Gewinne, also bitte ich dich, weiterzulesen.

Die in diesem Hackbook beschriebene Methode:

- Ist unmittelbar.
- Ist gleichermaßen wirksam für Viel- und gelegentliche Nutzer.
- Verursacht keine schlimmen Entzugserscheinungen.
- Braucht keine Willenskraft.
- Erfordert keine Schockbehandlung, Hilfsmittel oder Spielereien.
- Wird nicht dazu führen, dass du diese Sucht durch andere Süchte wie übermäßiges Essen, Rauchen oder Trinken ersetzt.
- Ist dauerhaft.

Du magst es vielleicht nicht glauben, aber diese Meinung wird von vielen Menschen geteilt.

"Dies ist das wegweisende Werk über Pornosucht"

— Ein Typ auf reddit, den ich nicht wiederfinden kann. Ich glaube nicht, dass das Wortspiel beabsichtigt war.

"Ich war 10 Jahre lang süchtig. In diesen 10 Jahren war ich gelähmt von Depressionen, Zweifeln, Ängsten und der Angst, dass mein Geheimnis ans Licht kommt. Nach jeder Sitzung hasste ich mich selbst und nach jeder Porno-Diät war ich im Handumdrehen wieder auf der Wasserrutsche. Doch dieses Buch half mir, aufzuhören. In der Vergangenheit war ich immer in der Defensive gegenüber Pornos. Jetzt, nachdem ich dieses Buch zweimal gelesen habe, bin ich in der Offensive. Pornos haben keine Kontrolle mehr über mich und kommen mir jetzt wie ein trauriger Witz vor."

— u/DeepNewt

"Vor ein paar Tagen bin ich 20 Jahre alt geworden. Zum ersten

Mal seit langer Zeit konnte ich meinen Geburtstag frei von der Pornofalle verbringen, und das verdanke ich diesem Buch, auf das ich vor ein paar Monaten zufällig gestoßen bin. Davor hatte ich so viel Zeit damit verbracht, auf herkömmliche Weise aufzuhören, und dabei so viel inneren Aufruhr erlebt, dass ich mich als für immer süchtig bezeichnete. Das Buch hat all das für mich gelöst. Wo ich früher befürchtete, keine Kontrolle über mich selbst zu haben, selbst wenn ich das kleine Monster unbewusst schon besiegt hatte, kann ich jetzt mit Stolz feststellen, dass ich nicht mehr süchtig sein muss.*

Ich habe keinen wirklichen Grund, dies zu posten. Ich hatte einfach das Gefühl, dass ich das irgendwo anders als in meinem Kopf niederschreiben muss, weil es mir so viel bedeutet. Wenn du das hier liest und darüber nachdenkst, das Buch zu lesen oder zu empfehlen, dann lass dir von mir sagen, dass es besser funktioniert als jede andere Methode da draußen. Mein wichtigster Tipp ist, sich Notizen zu machen. Das klingt komisch, aber es hat mir wirklich geholfen, bestimmte Ideen zu verfestigen."

— u/Suspicious_Web_4594

1.1 Warnung

Wenn du erwartest, dass dieses Buch dich mit den verschiedenen gesundheitlichen Problemen, die Nutzer riskieren, wie sexuelle Funktionsstörungen (einschließlich durch Pornografie verursachte

Erektionsstörungen), unzuverlässige Erregung, Verlust des Interesses an echten Sexpartnern, Hypofrontalität des Gehirns und die blinde Anschuldigung, dass es eine schmutzige, ekelhafte Angewohnheit ist und *du* eine dumme, rückgratlose, willensschwache Qualle bist, zum Aufhören "einschüchtert", wirst du schwer enttäuscht sein. Diese Taktiken haben mir nie geholfen aufzuhören, und wenn sie dir helfen würden, hättest du schon längst aufgehört.

Herkömmliche Methoden zum Aufhören empfehlen den Einsatz von Willenskraft oder "Pornografie-Diät"-Ersatzmethoden wie "einmal alle *n* Tage konsumieren" und die Reduzierung des Konsums. Auf einigen Websites werden von Experten begutachtete

Forschungsergebnisse über Neurotransmitter und Neuroplastizität aufgelistet. Obwohl diese Seiten informativ sind, sind sich viele der Gesundheitsrisiken bewusst und entscheiden sich dafür, nichts zu tun, obwohl solches Material in der Regel sowieso vermieden wird. Letzten Endes sind sie genauso unwirksam, da sie die Gründe für den Pornografiekonsum nicht wirklich beseitigen. Etwas in eine verbotene Frucht zu verwandeln, ist nicht der richtige Weg, um eine Sucht zu behandeln.

Diese Methode, EasyPeasy genannt, funktioniert anders. Einiges von dem, was hier gesagt wird, ist vielleicht schwer zu glauben, aber wenn du dieses Buch gelesen hast, wirst du es nicht nur glauben, sondern dich auch fragen, wie du jemals durch eine Gehirnwäsche dazu gebracht werden konntest, irgendetwas anderes zu glauben.

Es ist ein weit verbreiteter Irrglaube, dass wir es uns aussuchen, Pornos zu schauen. Pornografiesüchtige (ja, Süchtige) entscheiden sich genauso wenig dafür, Pornografie anzuschauen, wie Alkoholiker sich dafür entscheiden, Alkoholiker zu werden, oder Heroinabhängige sich dafür entscheiden, Heroinabhängige zu werden. Es stimmt, dass wir uns dafür entscheiden, den Laptop oder das Smartphone hochzufahren, den Browser zu starten und unseren Lieblings-"Online-Harem" zu besuchen. Gelegentlich entscheide ich mich für einen Kinobesuch, aber ich habe mir sicher nicht dafür entschieden, mein ganzes Leben im Kinosaal zu verbringen. Ursprünglich haben mich Neugier und die menschliche Natur dorthin geführt, aber ich hätte nicht damit angefangen, wenn ich gewusst hätte, dass ich süchtig werden würde, was den Niedergang meiner Gesundheit, meines Glücks und meiner Beziehungen zur Folge hat. *Hätte ich doch nur bei meinem ersten Besuch auf der Pornoseite von sexueller Dysfunktion gehört!*

Nimm dir einen Moment Zeit zum Nachdenken: Hast du jemals die

'bewusste' Entscheidung getroffen, dass du Pornografie zum Masturbieren brauchst/brauchen musst? Oder dass du pornografische Fantasien haben solltest/musst/brauchst, um den Sex mit deinem Partner aufzupeppen? Oder dass du zu bestimmten Zeiten in deinem Leben nicht gut schlafen kannst oder vielleicht nicht einmal einen Abend nach einem harten Arbeitstag verbringen kannst, ohne nach Pornos zu surfen? Oder dass du dich ohne Pornos nicht konzentrieren oder mit Stress umgehen kannst? Zu welchem Zeitpunkt hast du beschlossen, dass du Pornografie *brauchst*, dass du sie dauerhaft in deinem Leben benötigst und dich ohne Pornografie, ohne deinen Online-Harem, unsicher oder sogar panisch fühlst?

Wie jeder andere Pornografienutzer bist du in die finsterste und raffinierteste Falle gelockt worden, die Mensch und Natur je gemeinsam ersonnen haben. Kein Mensch auf der Welt, ob selbst

Pornografiekonsument oder nicht, mag den Gedanken, dass seine Kinder Pornos zum Klarkommen oder zum Vergnügen nutzen. Das bedeutet, dass alle Süchtigen wünschen, dass sie nie damit angefangen hätten. Das ist nicht überraschend: Niemand braucht Pornografie, um das Leben zu genießen oder Stress zu bewältigen bevor er süchtig wird.

Gleichzeitig wollen alle Nutzer weiter konsumieren. Schließlich zwingt uns niemand dazu, den Inkognito-Modus unseres Browsers zu starten. Ob sie den Grund verstehen oder nicht, es sind nur die Nutzer, die sich entscheiden, an die Türen ihrer Online-Harems zu klopfen.

Wenn es einen magischen Knopf gäbe, mit dem man am nächsten Morgen aufwachen könnte, als hätte man nie seine erste Tube-Site besucht, wären die einzigen Süchtigen von morgen junge Menschen, die noch "experimentieren".

Das Einzige, was uns davon abhält, aufzuhören, ist **ANGST!** Angst, die durch den Glauben verursacht wird, dass wir eine unbestimmte Zeit des Elends, der Entbehrung und des unbefriedigten Verlangens überleben müssen, um von Pornografie frei zu sein. Diese entstehen durch irrationale Überzeugungen, die wir gelernt oder erworben haben, wie zum Beispiel:

- Selbstbefriedigung oder Sex, der zum Orgasmus führt, ist die einzige und wichtigste Sache im Leben.
- Pornos sind "sicherer" als Sex im echten Leben, weil Pornos mich nicht abweisen können.
- Pornos sind lehrreich und nützlich.
- Anspruch auf ein "besseres" Sexerlebnis.
- Mehr ist immer besser.

Diese irrationalen Überzeugungen ziehen irrationale Konsequenzen nach sich, wenn sie umgesetzt werden:

1. Verehrung und Besessenheit, wenn eine "perfekte 10/10" gefunden wird.

2. Sich als Verlierer zu fühlen, wenn man keinen Sex hat, als wäre er das Wichtigste in der menschlichen Erfahrung.
3. Du wartest auf eine perfekte 10.
4. Du bist übermäßig urteilend und kritisch gegenüber potenziellen Partnern.
5. Du zwingst dich zum Sex, ob du willst oder nicht.

Es ist die Angst, dass eine Nacht allein elendig wird und du mit unkontrollierbaren Impulsen kämpfst. Die Angst, dass die Nacht vor den Prüfungen ohne Pornos die Hölle sein wird. Angst, dass wir uns ohne unsere kleine Stütze nicht mehr konzentrieren, mit Stress umgehen oder selbstbewusst sein können und dass sich unsere Persönlichkeit und unser Charakter verändern werden.

Vor allem aber die Angst, dass wir "einmal süchtig, immer süchtig" sein werden: dass wir nie ganz frei sein werden und den Rest unseres Lebens damit verbringen, uns gelegentlich nach einem durch Pornografie ausgelösten Orgasmus zu sehnen. Wenn du, so wie ich, bereits alle konventionellen Methoden zum Aufhören ausprobiert hast und das Elend und die Qualen der "Willenskraftmethode" durchgemacht hast, wirst du nicht nur von dieser Angst betroffen sein, sondern auch davon überzeugt sein, dass du niemals aufhören kannst.

Wenn du Angst hast, in Panik gerätst oder das Gefühl hast, dass die Zeit zum Aufhören noch nicht reif ist, kann ich dir versichern, dass deine Angst und Panik nicht durch Pornos gelindert wird - sie wird durch sie verursacht. Du hast dich nicht dafür entschieden, in die Pornofalle zu tappen, aber wie alle Fallen ist sie darauf ausgelegt, dass du in ihr gefangen bleibst. Frag dich selbst: Als du die ersten Pornobilder und -videos gesehen hast, hast du da beschlossen, sie dir immer wieder anzusehen, solange du lebst? Wann wirst du also aufhören? Morgen? Nächstes Jahr? Hör auf, dir etwas vorzumachen!

Die Falle ist so ausgelegt, dass sie dich ein Leben lang festhält. Warum sonst, glaubst du, hören all die anderen Süchtigen nicht auf, bevor es ihr Leben "tötet"?

Ich habe von einem magischen Knopf gesprochen; EasyPeasy funktioniert genau wie dieser magische Knopf. Ich möchte klarstellen, dass EasyPeasy keine Zauberei ist, aber für mich und andere, denen es so leicht und angenehm gefallen ist, aufzuhören, sieht es so aus!

Die Warnung lautet wie folgt: Es ist wie mit dem Huhn und dem Ei: Jeder Süchtige will aufhören und jeder Süchtige kann es leicht und angenehm finden, aufzuhören. Es ist nur die **Angst**, die einen Nutzer davon abhält, den Versuch zu unternehmen, aufzuhören. Der größte Gewinn ist es, diese Angst loszuwerden, aber du wirst nicht frei von dieser Angst sein, bis du das Buch abgeschlossen hast. Im Gegenteil, deine Angst kann sich beim Lesen sogar noch verstärken, was dich davon abhalten könnte, das Buch zu beenden. Nimm diesen Kommentar von einer Frau.

"Ich habe gerade EasyPeasy zu Ende gelesen. Ich weiß, dass es erst vier Tage her ist, aber ich fühle mich so gut, weil ich weiß, dass ich nie wieder Pornos brauchen werde. Ich habe vor fünf Monaten angefangen, dein Buch zu lesen, bin bis zur Hälfte gekommen und habe Panik bekommen. Ich wusste, wenn ich weiter lese, muss ich aufhören. War das nicht dumm von mir?"

Du hast nicht beschlossen, in die Falle zu tappen, aber sei dir darüber im Klaren: Du wirst ihr nicht entkommen, wenn du dich nicht bewusst dazu entscheidest. Vielleicht "zerrst du schon an der Leine", um auszusteigen, oder du hast Angst vor dem Gedanken daran, aber wie dem auch sei, denke bitte daran: **DU HAST**

NICHTS ZU VERLIEREN!

Wenn du am Ende des Buches beschließt, dass du weiterhin Pornografie zur Selbstbefriedigung oder zum Sex nutzen möchtest, steht dem nichts im Wege. Du musst nicht einmal den Pornografiekonsum reduzieren oder einstellen, während du das

Buch liest, und denk daran: Es gibt keine Schocktherapie. Im Gegenteil, ich habe nur gute Nachrichten für dich. Kannst du dir vorstellen, wie sich Andy Dufresne gefühlt hat, als er endlich aus dem Shawshank-Gefängnis geflohen ist? So habe ich mich gefühlt, als ich der Pornofalle entkommen bin, und so fühlen sich auch die Ex-Nutzer, die EasyPeasy benutzt haben. Am Ende des Buches wirst du dich auch so fühlen! Mach es!

Schließlich...

Es kann für jeden einfach und angenehm sein, mit Pornografie aufzuhören, auch für dich! Alles, was du tun musst, ist, den Rest dieses Buches mit einer offenen Einstellung zu lesen; je mehr du verstehst, desto einfacher wird es sein. Selbst wenn du kein Wort verstehst, wird es dir leicht fallen, wenn du den Anweisungen folgst. Das Wichtigste ist, dass du dich nicht mehr nach Pornos sehnst oder dich beraubt fühlst, und am Ende des Buches wird das einzige Rätsel sein, warum du es so lange gemacht hast.

Mit EasyPeasy gibt es nur zwei Gründe für ein Scheitern.

Nichtbefolgung der Anweisungen. Manche werden es nervig finden, dass das Buch so dogmatisch ist, wenn es um bestimmte Empfehlungen geht, z. B. dass man nicht versuchen sollte, weniger zu schauen oder Ersatz zu finden. Ich bestreite nicht, dass es vielen gelungen ist mit solchen Tricks aufzuhören, aber sie haben es *trotz* dieser Tricks geschafft und nicht wegen ihnen. Manche Menschen können auf einer Hängematte stehend Liebe machen, aber das ist nicht der einfachste Weg. Die Zahlen, um das Schloss dieser Falle zu öffnen, stehen in diesem Buch, aber sie müssen in der richtigen Reihenfolge verwendet werden: von einem Kapitel zum nächsten gehen und keine Kapitel überspringen.

Nicht verstehen. Nimm nichts als selbstverständlich hin, hinterfrage nicht nur, was dir gesagt wird, sondern auch deine eigenen Ansichten und das, was dir die Gesellschaft über Sex, InternetPornografie und Sucht erzählt hat. Diejenigen, die glauben, dass es nur eine Angewohnheit ist, sollten sich zum Beispiel fragen, warum andere Gewohnheiten - von denen einige angenehm sind leicht zu brechen sind, während eine Gewohnheit, die sich schrecklich anfühlt, Energie, Zeit und Potenz kostet, so schwer zu brechen ist. Diejenigen, die glauben, dass sie Pornos "genießen", sollten sich fragen, warum sie andere Dinge, die unendlich viel mehr Spaß machen, nicht bevorzugen. Warum *musst* du Pornografie nutzen, Panik einsetzend, wenn du es nicht tust?

Mit EasyPeasy erfährst du, wie einfach und angenehm es ist, mit Pornografie aufzuhören. Wie für viele andere auch, war es einer meiner größten Triumphe im Leben, der Pornografiefalle zu entkommen. Es gibt keinen Grund, deprimiert zu sein, im Gegenteil, du bist dabei, etwas zu erreichen, was jeder Nutzer auf der Welt gerne erreichen würde: **FREIHEIT!**

Einige Begriffe, bevor du anfängst: *PMO*: Der Kreislauf von Porno, Masturbation und Orgasmus. *Online Harem*: Websites, die Hochgeschwindigkeits-Internetpornos anbieten.

1.2 Tipps zum Lesen und letzte kleine Anmerkungen

Lies dieses Buch nicht wie ein normales Buch, es ist sehr kurz, und du solltest es in ein paar Stunden durchlesen können. Die meisten Leute profitieren davon, wenn sie *Hervorhebungen oder Notizen* machen und empfehlen, das Buch ein paar Mal zu lesen, um die Lektionen zu verinnerlichen.

Hackbook: Ein Buch, das auf einem anderen Buch basiert und von diesem gehackt wurde. Der ursprüngliche Autor wird vollständig genannt.

Warum das Hackbook? Weil Allen Carr schon lange verstorben ist und die Institutionen, die er gegründet hat, Internetpornografie nicht als eine der Süchte aufführen, die sie behandeln. Ich profitiere weder monetär noch anderweitig.

In diesem Buch treten ich, der ursprüngliche Hackautor und AllenCarr transparent auf, um dir eine einzigartige und überzeugende Methode zu bieten, mit der du leicht und schmerzlos aufhören kannst.

Es gibt auch eine Reihe von Communities für das Hackbook, aber ich würde dir empfehlen, sie erst zu besuchen, wenn du das Buch gelesen hast.

Kurze Erinnerung: ÜBERSPRINGE KEINE KAPITEL

Ich würde dir Glück wünschen, aber wie du bald merken wirst, brauchst du es nicht.

2 Die Einfache Methode

Das Ziel dieses Buches ist es, dich in eine Denkweise zu versetzen, in dem du statt der üblichen Methode des Aufhörens, bei der du zu Beginn das Gefühl hast, den Mount Everest zu besteigen und die nächsten Wochen mit Verlangen und Entzug zu verbringen, sofort mit einem Hochgefühl beginnst, als ob du von einer schrecklichen Krankheit geheilt worden wärst. Je weiter du dann durchs Leben gehst, desto mehr wirst du auf diese Zeit zurückblicken und dich fragen, wie du überhaupt jemals Pornos benutzt hast. Du wirst andere Pornokonsumenten nicht mehr mit Neid, sondern mit Mitleid betrachten.

Vorausgesetzt, du bist jemand, der nie süchtig geworden ist (du liest für deinen Partner oder deine Partnerin) oder aufgehört hat (oder sich in den Fastentagen einer "Porno-Diät" befindet), musst du unbedingt weitermachen, bis du das Buch vollständig gelesen hast. Das mag wie ein Widerspruch erscheinen, und diese Anweisung, weiter zu Pornos zu masturbieren, ruft mehr Widerspruch hervor als jede andere, aber wenn du weiterliest, wird dein Verlangen, Pornos zu benutzen, allmählich abnehmen. **Nimm diese Anweisung ernst: Der Versuch, vorzeitig aufzuhören, wird dir nichts bringen.**

Viele beenden das Buch nicht, weil sie das Gefühl haben, etwas aufgeben zu müssen. Manche lesen sogar absichtlich nur eine Zeile pro Tag, um das böse Ereignis aufzuschieben. Sieh es doch mal so: Was hast du zu verlieren? Wenn du am Ende des Buches nicht aufhörst, bist du nicht schlechter dran als jetzt. Es handelt sich also um eine Pascalsche Wette, bei der du nichts zu verlieren hast und hohe Chancen auf einen großen Gewinn hast.

Übrigens: Wenn du seit ein paar Tagen oder Wochen keine Pornos mehr geschaut hast, dir aber nicht sicher bist, ob du ein Pornonutzer, Ex-Nutzer oder Nicht-Nutzer bist, dann benutze keine Pornos beim Masturbieren während du das Buch liest. Eigentlich bist du schon ein

Nicht-Nutzer, aber dein Gehirn muss erst mit deinem Körper mithalten können. Am Ende des Buches wirst du ein glücklicher Nicht-Nutzer sein. EasyPeasy ist das komplette Gegenteil der normalen Methode, bei der man die erheblichen Nachteile von Pornos aufzählt und sagt:

"Wenn ich nur lange genug ohne Pornos auskomme, wird das Verlangen irgendwann verschwinden und ich kann das Leben wieder genießen, frei von Sklaverei."

Das ist der logische Weg, und Tausende hören jeden Tag mit dieser Methode auf. Allerdings ist es aus den folgenden Gründen sehr schwierig, erfolgreich zu sein:

Mit PMO aufzuhören ist nicht das eigentliche Problem. Jedes Mal, wenn du deine Session beendest, hast du damit aufgehört. Vielleicht hast du am ersten Tag deiner Porno-Diät (einmal alle vier Tage), gute Gründe zu sagen: *'Ich will keine Pornos mehr benutzen oder gar masturbieren.'* Alle Nutzer tun das, und ihre Gründe sind stärker, als du dir vorstellen kannst. Das eigentliche Problem ist der zweite, zehnte oder zehntausendste Tag, an dem du in einem schwachen Moment "nur einen Blick" wirfst, einen weiteren willst und plötzlich wieder süchtig bist.

Das Wissen um die gesundheitlichen Risiken erzeugt mehr Angst und macht es schwieriger, aufzuhören.

Wenn man einem Nutzer sagt, dass es seine Potenz zerstört, wird er als Erstes nach etwas greifen, das ihm einen Dopaminschub verschafft: eine Zigarette, Alkohol oder sogar die Suche nach einem Porno im Browser.

Alle Gründe, aufzuhören, machen es noch schwieriger.

Das hat zwei Gründe. Erstens werden wir ständig gezwungen, unseren "kleinen Freund" oder eine Requisite, ein Laster oder ein Vergnügen (je nachdem, wie der Nutzer es sieht) aufzugeben.

Zweitens schaffen sie eine "Blende". Wir masturbieren nicht aus den Gründen, aus denen wir aufhören sollten. Die eigentliche Frage ist, warum wir es tun wollen oder müssen.

Mit EasyPeasy vergessen wir (zunächst) die Gründe, warum wir aufhören möchten, stellen uns dem Pornoproblem und fragen uns Folgendes:

1. Was tuen Pornos für mich?
2. Genieße ich es wirklich?
3. Muss ich wirklich durch mein Leben gehen und meine Denkweise und meinen Körper sabotieren?

Die schöne Wahrheit ist, dass *alle Pornos* absolut nichts für dich tun. Um es ganz klar zu sagen: Es geht nicht darum, dass die Nachteile des Konsums die Vorteile überwiegen, sondern darum, dass es **null** Vorteile gibt, wenn man sich Internetpornos ansieht. Die meisten Nutzer finden es notwendig, rational zu begründen, warum sie Pornos nutzen, aber die Gründe, die sie anführen, sind allesamt Trugschlüsse und Illusionen.

Das erste, was wir tun werden, ist, diese Trugschlüsse und Illusionen zu beseitigen. Du wirst feststellen, dass es nichts aufzugeben gibt. Es gibt nicht nur nichts aufzugeben, sondern es gibt auch wunderbare, positive Vorteile, wenn man kein PMOer ist, und Wohlbefinden und Glück sind nur zwei dieser Vorteile. Sobald die Illusion beseitigt ist, dass das Leben ohne Pornos niemals so angenehm sein wird; sobald du erkennst, dass das Leben ohne Pornos nicht nur genauso angenehm ist, sondern unendlich viel angenehmer; sobald das Gefühl, etwas zu verpassen, beseitigt ist, können wir uns wieder dem Wohlbefinden und dem Glück widmen - und den Dutzenden von anderen Gründen, mit Pornos aufzuhören. Diese Erkenntnisse werden zu positiven zusätzlichen Hilfen, die dir dabei helfen, das zu erreichen, was du wirklich willst, nämlich dein ganzes Leben frei von der Sklaverei der Pornosucht zu genießen.

3 Warum ist es schwer aufzuhören?

Alle Nutzer haben das Gefühl, dass etwas Böses von ihnen Besitz ergriffen hat. Am Anfang ist es eine einfache Frage der Einstellung: *"Ich werde aufhören, nur nicht heute"*, aber irgendwann glauben wir, dass wir nicht genug Willenskraft haben, um aufzuhören, oder dass Pornos etwas an sich haben, das wir haben müssen, um das Leben zu genießen. Pornografiesucht ist vergleichbar mit dem Weg aus einer rutschigen Grube: Wenn du dich der Kante näherst, siehst du die Sonne, aber du rutschst wieder hinunter, wenn deine Stimmung sinkt. Schließlich öffnest du deinen Browser und während du masturbierst, fühlst du dich schrecklich.

Frag einen Nutzer: *"Wenn du in die Zeit zurückgehen könntest, bevor du süchtig wurdest, hättest du dann mit dem Wissen, das du jetzt hast, angefangen, Pornos zu benutzen?"* *"NIEMALS!"* wäre die Antwort gewesen.

Frag einen eingefleischten Nutzer, der Internetpornografie verteidigt und nicht glaubt, dass sie das Gehirn schädigen oder die Dopaminrezeptoren herunterregulieren: *"Ermutigst du deine Kinder dazu, Pornografie zu benutzen?"*

"Niemals!" ist abermals die Antwort.

Pornografie ist ein außergewöhnliches Rätsel. Wie schon gesagt, liegt das Problem nicht darin zu erklären, warum es einfach ist, aufzuhören, sondern warum es schwierig ist. Das eigentliche Problem ist, zu erklären, warum jemand damit anfängt, *nachdem* er das Wissen über neurologische Schäden erlangt hat. Einer der Gründe, warum wir damit anfangen, sind die vielen Millionen, die schon dabei sind, doch all diese Menschen wünschen sich, dass sie gar nicht erst damit angefangen hätten, und sagen uns, dass sie ihr Leben mit angezogener Handbremse leben. Wir können nicht so recht glauben, dass sie es nicht genießen, sondern assoziieren Pornografie mit Freiheit oder "Sexualerziehung" und arbeiten hart daran, selbst süchtig zu werden. Wir verbringen dann den Rest unseres Lebens damit, anderen zu sagen, dass sie es nicht tun sollen, und versuchen, selbst davon loszukommen, glaubend, dass wir ganz allein damit dastehen.

Außerdem verbringen wir einen großen Teil unserer Zeit damit, uns hoffnungslos und unglücklich zu fühlen. Uns mit dem Unnatürlichen "weiterzubilden", bringt uns dazu diese kalten Bilder zu bevorzugen und uns danach zu sehnen, selbst wenn warme, echte Bilder verfügbar sind! Durch das ständige Auf und Ab des Dopamins, das durch PMO ausgelöst wird, verurteilen wir uns selbst zu einem Leben voller Reizbarkeit, Wut, Stress, Müdigkeit und sexueller

Dysfunktion. Wenn wir Pornografie konsumieren, mit ihrer Abwesenheit von den besten Seiten von Sex und Beziehung, fühlen wir uns am Ende unglücklich und schuldig.

Wenn wir hier und auf anderen Seiten über die süchtig machenden und zerstörerischen Fähigkeiten der Internetpornografie lesen, werden wir sogar noch nervöser und hoffnungsloser! Was ist das für ein Hobby, bei dem du dir wünschst, du würdest es nicht tun, und wenn du es nicht tust, sehnst du dich danach? Nutzer verachten sich jedes Mal, wenn sie über Hypofrontalität und Desensibilisierung lesen, jedes Mal, wenn sie hinter dem Rücken ihres Partners, der ihnen vertraut, konsumieren, jedes Mal, wenn sie sich nicht dazu durchringen können, nach einer Sitzung zu trainieren. Ein ansonsten intelligenter und vernünftiger Mensch verbringt seinen ganzen Tag mit Verachtung. Aber das Schlimmste ist: Was haben die Nutzer davon, wenn sie das Leben mit diesen furchtbaren schwarzen Schatten im Hinterkopf ertragen müssen? **Absolut nichts!**

Du denkst jetzt vielleicht: *"Das ist ja schön und gut, aber wenn man einmal süchtig nach diesen Dingen ist, ist es sehr schwer aufzuhören."* Aber warum ist es so schwer? Manche sagen, es läge an den starken

Entzugserscheinungen, aber wie du noch sehen wirst, sind die tatsächlichen Entzugserscheinungen sehr mild. Das kann man besonders an der Tatsache festmachen, dass viele PMOer gelebt haben und gestorben sind ohne zu merken dass sie abhängig waren.

Manche sagen, dass Internetpornos kostenlos sind und die Menschheit deshalb diese biologische Goldgrube für sich beanspruchen sollte, aber das stimmt nicht - sie machen süchtig und wirken wie jede Droge. Frag einen Nutzer, der schwört, dass er nur "Erotika" wie Playboy-Magazine genießt, ob er schon einmal die Grenze zum "unsicheren Porno" überschritten hat. Wenn er komplett ehrlich ist, würde er all die Male zugeben bei denen er es rationalisiert hat, diese Grenze zu überschreiten, anstatt gar nichts zu benutzen.

Genuss hat auch nichts damit zu tun: Ich mag Flusskrebse, aber ich bin nie an den Punkt gekommen, an dem ich jeden Tag Flusskrebse essen musste. Andere Dinge im Leben genießen wir zwar, während wir sie tun, aber wir sitzen nicht herum und fühlen uns als würde etwas fehlen, wenn wir es nicht tun.

Manche sagen:

"Es ist lehrreich!" Nun denn, wie hat es dich als Person weiter gebracht? *"Es ist sexuell befriedigend!"* Warum also isoliert es dich also und lässt dich ein unersättliches Verlangen verspüren? *"Es ist ein Gefühl der Befreiung!"* Befreiung vom Stress des echten Lebens? Okay, vielleicht für eine Stunde, bevor er dann wieder auf dich einwirkt. Und welchen Stress hat es beseitigt? *"Es hilft mir zu schlafen!"* Warum können andere also wunderbar ohne das schlafen? Es gibt viele wissenschaftlich nachgewiesene Methoden, um guten Schlaf wiederzuerlangen, ihn sogar noch zu verbessern.

Viele glauben, dass Pornos die Langeweile vertreiben, aber Langeweile ist eine Geisteshaltung. Pornografie gewöhnt dich in kürzester Zeit an die Suche nach Neuem und führt dazu, dass du dich immer mehr langweilst, bis du dich schließlich auf die wilde Jagd nach dem richtigen Clip begibst und dich immer mehr darauf einstellst, nach allem zu suchen, was neu ist, starke Emotionen hervorruft und, schlussendlich, einen unerhörten Schockwert besitzt.

Manche sagen, sie machen es nur, weil ihre Freunde und alle, die sie kennen, es auch tun. Wenn dem so ist, bete dafür, dass deine Freunde nicht anfangen, sich den Kopf abzuschneiden, um ihre Kopfschmerzen zu kurieren! Die meisten Nutzer, die darüber nachdenken, kommen zu dem Schluss, dass es einfach eine Gewohnheit ist. Das ist zwar keine wirkliche Erklärung, aber nachdem alle üblichen, rationalen Erklärungen ausgeschlossen wurden, scheint es die einzige verbleibende Entschuldigung zu sein. Leider ist sie genauso unlogisch. Jeden Tag in unserem Leben ändern wir unsere Gewohnheiten, einige davon sehr angenehm. Wir wurden einer Gehirnwäsche unterzogen und glauben, dass PMO eine Gewohnheit ist und dass Gewohnheiten schwer zu durchbrechen sind.

Sind Gewohnheiten schwer zu brechen? Autofahrer in den USA haben die Angewohnheit, auf der rechten Straßenseite zu fahren, doch wenn sie nach Übersee reisen, brechen sie mit dieser Gewohnheit ohne großen Aufwand. Und wenn du eine neue

Arbeitsstelle antrittst formst du neue Routinen, also ändern sich auch deine Gewohnheiten. Das dauert vielleicht ein wenig, aber das ist nichts im Vergleich dazu, einen lebenslangen Kampf gegen

Pornografiesucht zu führen. Wir beginnen und beenden Gewohnheiten jeden Tag in unserem Leben. Warum fällt es uns dann so schwer, mit einer Gewohnheit zu brechen, die uns beraubt fühlen lässt, wen wir sie nicht durchführen können, schuldig, wenn wir sie durchführen, eine, die wir am liebsten sowieso einfach brechen würden, wenn das Einzige, was wir dafür tun müssen, es einfach nur zu unterlassen?

Die Antwort ist, dass Pornografie keine Gewohnheit ist, sondern eine **Sucht!** Deshalb scheint es auch so schwer zu sein, "aufzuhören". Die meisten Nutzer verstehen nicht, was Sucht ist, und glauben, dass sie durch Pornografie echtes Vergnügen oder eine Krücke im Leben bekommen, die ihnen hilft. Sie glauben, dass sie ein echtes Opfer bringen, wenn sie aufhören.

Die wunderbare Wahrheit ist, dass du, sobald du die wahre Natur der Pornografiesucht und die Gründe, warum du es benutzt, verstehst, ganz einfach damit aufhören wirst. Innerhalb von drei Wochen wird das einzige Rätsel sein, warum du es für nötig befunden hast, so lange Pornografie zu benutzen, und warum du andere Nutzer nicht davon überzeugen kannst, *wie schön es ist, kein PMOer zu sein!*

3.1 Die teuflische Falle

Internetpornografie ist eine subtile und teuflische Falle, die der Mensch und die Natur gemeinsam entwickelt haben. Manche von uns werden sogar vor den Gefahren gewarnt, aber wir können nicht glauben, dass sie uns keinen Spaß macht. Aber wie kommen wir überhaupt dazu, in die Falle zu gehen? Normalerweise sind es kostenlose "Proben" von Amateuren und Profis, die sie mit uns teilen. So schnappt die Falle zu. Wenn sie uns anstatt dessen vor den Gefahren dessenm, auf was wir uns da einlassen, gewarnt hätten, bevor wir einen ersten Blick darauf geworfen hätten, wären die Alarmglocken laut am läuten.

Aber sie läuten nicht. Vielleich ist es die schockierende Natur vieler Clips die unsere jungen Köpfe glauben lässt dass wir niemals abhängig werden, weil wir denken dass wir sie nicht genießen, und deswegen jederzeit damit aufhören können. Oder vielleicht ist die vermeintliche Unschuldigkeit weniger harten Materials der Grund, dass die Alarmglocken nicht läuten, ähnlich wie ein geschicktes Gedankenkonstrukt mit dem ein Betrüger unseren Verstand lenken kann. Als intelligente Menschen würden wir dann nämlich verstehen, warum die Hälfte der erwachsenen Bevölkerung systematisch süchtig nach etwas gemacht wurde, das ihr Potenzial, das zu tun, was sie ansehen, beschränkt. Neugierde bringt uns näher an die Schwelle zur

Sucht, aber wir trauen uns nicht, auf die Vorschaubilder zu klicken, die wir anschauen, weil wir befürchten, dass sie uns krank machen oder uns auf einen gefährlichen und unmoralischen Weg bringen könnten. Und wenn du versehentlich auf eines klickst, ist oft der einzige Wunsch, so schnell wie möglich von der Seite wegzukommen, und doch bist du gleichzeitig verzweifelt neugierig auf mehr.

Wenn das erstmal passiert ist, sind wir gefangen. Wir verbringen dann den Rest unseres Lebens damit, zu versuchen zu verstehen, warum wir das tun, sagen unseren Kindern, dass sie nicht damit anfangen sollen, und zuweilen versuchen wir davon zu fliehen. Die Falle ist so konstruiert, dass wir versuchen, nur aufgrund eines "Vorfalls" aufzuhören, sei es sexuelle Leistung, der Verlust einer Karriere oder einer Beziehung, Antriebslosigkeit oder einfach nur das Gefühl, wie ein Aussätziger zu sein. Sobald wir aufhören, haben wir aufgrund von Entzugserscheinungen noch mehr Stress und die Methode, auf die wir uns verlassen haben, um diesen Stress zu beseitigen, ist weg.

Unser Entschluss aufzuhören, beginnt dann zu wackeln. Nach ein paar Tagen der Qual kommen wir zu dem Entschluss, dass wir den falschen Zeitpunkt zum Aufhören gewählt haben, und beschließen, auf stressfreie Zeiten zu warten, die uns dann den Grund zum Aufhören nehmen. Natürlich wird diese Zeit nie kommen, da wir innerlich glauben, dass unser Leben immer stressiger wird. Wenn wir den Schutz unserer Eltern verlassen, fängt der Stress der Arbeit, des Haushalts, der Hypotheken, der Unterkunft, der Kindererziehung an unser Leben zu füllen. Aber das ist eine Illusion. Die stressigsten Abschnitte im Leben eines jeden Lebewesens sind die frühe Kindheit und die Jugend sind.

Wir neigen dazu, Verantwortung mit Stress zu verwechseln. Das Leben eines Pornografienutzers - genau wie was eines Drogenkonsumenten- wird automatisch stressiger, weil Pornografie nicht entspannt und Stress abbaut, wie manche uns weismachen wollen. Das Gegenteil ist der Fall: Je mehr du konsumierst, desto stressiger wird dein Leben, mit jeder schuldbeladenen nächtlichen Sitzung, die irgendwann das Fass zum Überlaufen bringt. Sogar Nutzer die sich die Sucht abgewöhnen (wie es die meisten ein- oder mehrmals in ihrem Leben tun), können du ein absolut glückliches Leben führen und plötzlich wieder süchtig werden. Wenn wir in das Labyrinth der Pornografie eintauchen, vernebelt sich unser Verstand und wir verbringen den Rest unseres Lebens damit, zu entkomme. Viele sind dabei erfolgreich, nur um später wieder in die unheilvolle Falle zu tappen.

Das Pornografieproblem zu lösen ist ein Rätsel. Es ist komplex und schwer. Aber wenn du die Lösung einmal erkannt hast, ist es einfach und macht Spass, und du wirst dich fragen wieso du es noch nicht vorher verstanden hast. EasyPeasy enthält die Lösung dieses Rätsels und führt dich aus dem Labyrinth heraus, damit du nie wieder hineingerätst. Alles, was du tun musst, ist den Anweisungen genau zu folgen. Wenn du jedoch falsch abbiegst, indem du Kapitel überspringst, oder superschnell durchhetzt ohne eine ernsthafte Absicht beim ersten Lesen, ist der Rest der Anweisungen sinnlos.

Jeder kann es leicht finden, aufzuhören, aber zuerst müssen Fakten geschaffen werden. Nein, keine Fakten, die dir Angst machen, es gibt bereits mehr als genug Informationen da draußen. Wenn dich das aufhalten würde, hättest du schon längst aufgehört. Aber warum fällt es uns so schwer, aufzuhören? Um diese Frage zu beantworten, müssen wir den wahren Grund kennen, warum wir immer noch Pornos konsumieren, und der lässt sich auf zwei Faktoren reduzieren. Diese sind:

- Natur und Internetpornografie.
- Gesellschaftliche Gehirnwäsche.

Pornokonsumenten sind intelligente, rationale Menschen. Sie wissen, dass sie enorme Risiken für die Zukunft eingehen, also verbringen sie viel Zeit damit, ihre "Gewohnheit" zu rationalisieren. Aber in ihrem Herzen wissen Pornografienutzer, dass sie Idioten sind, denn sie wissen, dass sie keine Notwendigkeit hatten, Pornografie zu nutzen, bevor sie süchtig wurden. Die meisten erinnern sich daran, dass ihr erster "Blick" eine Mischung aus Abscheu und neuartiger Neugierde war. Dann spezialisierten sie sich darauf, Seiten zu finden, zu filtern und zu speichern und arbeiteten hart daran, süchtig zu werden.

Am ärgerlichsten ist das Gefühl, dass Nicht-Süchtige, meistens Frauen, ältere Männer und Menschen, die in Ländern leben, in denen es keine Hochgeschwindigkeits-Internetpornografie gibt, nichts verpassen und die Situation lächerlich finden. Nachdem wir diese Faktoren in den nächsten Kapiteln auseinander genommen haben, wirst auch du diese teuflische Falle verstehen!

4 Natur

Internetpornografie funktioniert, indem sie die natürlichen Belohnungsmechanismen, die dafür sorgen, dass du dich so lange wie möglich fortpflanzt, aushebelt. Die sofortige und leicht zugängliche Art von Internetpornografie sorgt dafür, dass der Belohnungsmechanismus des Gehirns wesentlich länger Dopamin produziert, als es normalerweise möglich wäre. In der Wissenschaft ist das als der "Coolidge-Effekt" bekannt, von dem du vielleicht schon einmal gehört hast.

Dopamin ist ein Neurotransmitter, der mit Gefühlen des Verlangens in Verbindung gebracht wird, der durch Opioide Lust erzeugt. Mehr Dopamin, mehr Opiate und mehr Action. Ohne Dopamin fühlen sich Handlungen wie Essen nicht angenehm an und werden daher nicht ausgeführt - wobei fett- und zuckerreiche Lebensmittel die höchste chemische Freisetzung erzeugen.

Dopamin wird ebenfalls als Reaktion zu Neuartigkeit ausgeschüttet. Durch die scheinbar unendliche Menge an Pornografie, die verfügbagbar ist, wird das limbische System (Belohnungszentrum) überflutet; wenn du also zum ersten Mal einen Porno siehst, wirst du aktiv, kommst zum Orgasmus und löst eine weitere Opiatflut aus. Da das Gehirn einen Anreiz hat, so viel Dopamin wie möglich zu bekommen, speichert es dies als Skript, um es leicht abrufen zu können, und stärkt die neuronalen Bahnen durch die Freisetzung einer Chemikalie namens DeltaFosB. Das Gehirn ruft diese Bahnen als Reaktion auf Signale wie erotische Werbespots, Alleinsein, Stress oder sogar Niedergeschlagenheit auf und plötzlich bist du bereit, eine Fahrt auf der "Wasserrutsche" zu machen. Jedes Mal, wenn sich dies wiederholt, wird mehr DeltaFosB freigesetzt, so dass die Wasserrutsche geölt und bereit ist und du beim nächsten Mal leichter hinunterrutschen kannst.

Das limbische System verfügt über ein selbstkorrigierendes System, bei dem die Anzahl der Dopamin- und Opioidrezeptoren begrenzt wird, wenn eine häufige und tägliche Überflutung mit Dopamin festgestellt wird. Unglücklicherweise werden diese Rezeptoren auch benötigt, um uns zu motivieren die täglichen Belastungen des Lebens zu bewältigen. Die Mengen an Dopamin, die durch natürliche Belohnungen ausgeschüttet werden, sind einfach nicht vergleichbar zu denen von pornografie und werden nicht so effizient von den verminderten Rezeptoren aufgenommen, was dazu führt, dass du dich gestresster und gereizter fühlst als sonst. Dieser Prozess wird als Desensibilisierung bezeichnet.

In diesem Zyklus hast du die "rote Linie" überschritten und Emotionen wie Schuld, Ekel, Scham, Angst und Furcht ausgelöst, die wiederum den Dopaminspiegel noch weiter in die Höhe treiben und das Gehirn dazu veranlassen, diese Gefühle fälschlicherweise als sexuelle Erregung zu interpretieren.

Im Laufe der Zeit wird das Gehirn nicht nur gegenüber früheren Clips, die es gesehen hat, desensibilisiert, sondern auch gegenüber ähnlichen Genres und Schockstufen. Diese geringere Motivation führt zu einem geringeren Gefühl der Befriedigung, da unser Gehirn ständig bewertet und dich dazu drängt, Clips zu finden, die deinen Hunger stillen. Du suchst also nach mehr Neuem und klickst auf den amateurhaften, schockierenden Clip auf der Homepage, von dem du dir beim ersten Besuch sicher warst, dass du ihn nicht ansehen würdest.

"Denn im Tau der kleinen Dinge findet das Herz seinen Morgen und wird erfrischt" - Kahlil Gibran*

Ein flüchtiges Gefühl der Sicherheit ist alles, was man braucht, um eine schwierige Phase im Leben zu überstehen, aber wird dein desensibilisiertes Gehirn in der Lage sein, diesen entstressenden Tropfen zu fangen, den das Gehirn eines Nicht-Nutzers verwenden kann?

Die Dopaminflut wirkt wie eine schnell wirkende Droge, die schnell abfällt und Entzugserscheinungen hervorruft. Viele Nutzer haben die Illusion, dass diese Schmerzen das schreckliche Trauma sind, das sie erleiden, wenn sie versuchen oder gezwungen werden, aufzuhören. In Wirklichkeit sind sie in erster Linie psychisch bedingt, da sich der Nutzer seiner Lust oder Stütze beraubt fühlt.

4.1 Das kleine Monster

Die eigentlichen Entzugserscheinungen von Pornografie sind so subtil, dass die meisten Nutzer leben und sterben, ohne zu merken dass sie drogenabhängig sind. Viele Nutzer haben Angst vor Drogen, dabei sind sie genau das: drogenabhängig. Zum Glück ist es einfach, von der Droge loszukommen, aber du musst zuerst akzeptieren, dass du tatsächlich süchtig bist. Entzug von Pornografie verursacht keine körperlichen Schmerzen, sondern ist lediglich ein leeres, unruhiges Gefühl, dass etwas fehlt, weshalb viele glauben, dass es etwas mit dem sexuellen Verlangen zu tun hat. Wenn dieses Gefühl länger anhält, wird es zu Nervosität, Unsicherheit, Unruhe, geringem Selbstvertrauen und Reizbarkeit. Es ist wie Hunger - nach Gift.

Innerhalb von Sekunden nach einer Sitzung wird Dopamin ausgeschüttet und das Verlangen endet, was zu einem Gefühl der Erfüllung führt, während du die Wasserrutsche hinunter saust. In den ersten Tagen sind die Entzugserscheinungen und ihre anschließende Linderung so gering, dass wir sie gar nicht bemerken. Wenn wir zu regelmäßigen Nutzern werden, glauben wir, dass es daran liegt, dass es uns gefällt oder wir uns daran gewöhnt haben. In Wahrheit sind wir bereits süchtig, merken es aber nicht. Das kleine Monster ist bereits in unserem Gehirn, also machen wir ab und zu einen Ausflug auf der Wasserrutsche, um es zu füttern.

Alle Nutzer fangen aus irrationalen Gründen an, nach Pornografie zu suchen. Der *einzige* Grund, warum jemand weiterhin Pornografie nutzt, egal ob gelegentlich oder regelmäßig, ist der, dieses kleine Monster zu füttern. Das ganze Dilemma ist eine Reihe grausamer und verwirrender Bestrafungen, aber der vielleicht erbärmlichste Aspekt ist das Gefühl der Freude, das ein Nutzer nach einer Sitzung empfindet, wenn er versucht, zu dem Gefühl von Frieden, Ruhe und Selbstvertrauen zurückzukehren, das sein Körper hatte, bevor er süchtig wurde.

4.2 Der nervige Alarm

Kennst du das Gefühl, wenn die Alarmanlage des Nachbarn schon den ganzen Tag läutet (oder eine andere kleine, hartnäckige Verärgerung auftritt) - und der Lärm plötzlich aufhört und dich ein wunderbares Gefühl von Frieden und Ruhe überkommt? Das ist nicht wirklich Frieden, sondern das Ende eines Ärgernisses. Bevor wir mit der nächsten Sitzung beginnen, ist unser Körper vollständig, aber dann beginnen wir, unser Gehirn zu zwingen, Dopamin hineinzupumpen, und wenn wir fertig sind und das Dopamin zu verschwinden beginnt, erleiden wir Entzugserscheinungen. Das sind keine körperlichen Schmerzen, sondern nur ein leeres Gefühl. Wir sind uns nicht einmal bewusst, dass es existiert, aber es ist wie ein tropfender Wasserhahn in unserem Körper.

Unser rationaler Verstand versteht es nicht, aber das muss er auch nicht. Wir wissen nur, dass wir Pornografie wollen, und dass das Verlangen verschwindet wenn wir masturbieren. Doch die Befriedigung ist flüchtig, denn um das Verlangen zu stillen, brauchen wir mehr Pornografie. Sobald du zum Orgasmus kommst, geht das Verlangen wieder los und die Falle hält dich weiter fest. Eine Rückkopplungsschleife, wenn du sie nicht durchbrichst!

Die Pornofalle ist vergleichbar mit dem Tragen von engen Schuhen, nur um die Freude zu erleben, sie wieder auszuziehen. Es gibt drei Hauptgründe, warum Nutzer das nicht so sehen können.

1. Von Geburt an werden wir einer massiven Gehirnwäsche unterzogen, die uns sagt, dass Internetpornografie einfach eine weitere moderne Entwicklung ist, die die Printversion von Pornos ersetzt. Dieser Trugschluss wird mit der Wahrheit verpackt, dass Masturbation nicht schädlich ist, warum also sollten wir ihnen das nicht glauben?

2. Da der körperliche Dopamin-Entzug keine wirklichen Schmerzen mit sich bringt, sondern lediglich ein leeres, unsicheres Gefühl, das von Hunger und normalem Stress nicht zu unterscheiden ist, manifestiert sich dieses Gefühl in einer Pornositzung, da wir genau zu diesen Zeiten dazu neigen, Internetpornografie zu suchen. Wir neigen dazu, dieses Gefühl als normal zu betrachten.

3. Der Hauptgrund, warum Nutzer Internetpornografie nicht im wahren Licht sehen, ist jedoch, dass sie verkehrt herum funktioniert. Wenn du sie *nicht* konsumierst, erlebst du das Gefühl der Leere. Da der Prozess des Süchtigwerdens in den ersten Tagen unglaublich subtil und schrittweise verläuft, wird das Gefühl der Leere als normal angesehen und nicht auf die vorherige Sitzung geschoben. In dem Moment, in dem der Browser gestartet wird und du mit deiner Sitzung beginnst, bekommst du einen sofortigen Schub und wirst weniger nervös oder entspannter und daher bekommt Internetpornografie dafür den Dank.

Dieser umgekehrte Prozess macht es schwierig, von Drogen aller Art loszukommen. Stell dir vor, wie panisch ein Heroinsüchtiger ist, wenn er kein Heroin mehr hat. Jetzt stell dir vor, wie groß die Freude ist, wenn er endlich eine Nadel in seine Vene stechen kann. NichtHeroinabhängige leiden nicht unter diesem Gefühl der Panik.

Das Heroin lindert das Gefühl nicht, es verursacht es. Genauso wenig leiden Nicht-Nutzer unter dem leeren Gefühl, Internetpornografie zu brauchen oder unter Panik, wenn sie offline sind. Nicht-Nutzer können nicht verstehen, wie Nutzer an zweidimensionalen Videos mit gedämpftem Ton und abnormalen Körperproportionen Gefallen finden können. Letztendlich können es auch die Nutzer nicht verstehen.

Wir reden davon, das Internetpornografie entspannend oder befriedigend sei, aber wie kannst du zufrieden sein, wenn du nicht von vornherein unzufrieden warst? Ein Nicht-Nutzer leidet nicht unter diesem unbefriedigten Zustand, sondern ist nach einem Date ohne Sex völlig entspannt, während der Nutzer das erst ist, wenn er sein "kleines Monster" befriedigt hat.

4.3 Ein Vergnügen oder eine Krücke?

Eine wichtige Erinnerung: Der Hauptgrund, warum es den Nutzern schwer fällt aufzuhören, ist der Glaube, dass sie ein echtes Vergnügen oder eine Krücke aufgeben. Es ist unabdingbar zu verstehen, dass du *überhaupt nichts* aufgibst. Der beste Weg, die Feinheiten der Pornografiefalle zu verstehen, ist ein Vergleich mit Essen. Die Gewohnheit, regelmäßig zu essen, führt dazu, dass wir zwischendurch keinen Hunger verspüren, sondern nur, wenn die Mahlzeit verschoben wird. Es gibt keinen körperlichen Schmerz, nur ein leeres, unsicheres Gefühl, das als Hunger erkannt wird. Die Befriedigung unseres Hungers ist eine sehr angenehme Erfahrung.

Pornografie scheint fast identisch zu sein, aber das ist sie nicht. Wie beim Hunger gibt es keinen körperlichen Schmerz und der Belohnungsmechanismus verhält sich ähnlich, aber gerade diese Ähnlichkeit mit Essen gaukelt dem Nutzer ein echtes Vergnügen oder eine Krücke vor. Obwohl Essen und Pornografie auf den ersten

Blick sehr ähnlich sind, sind sie in Wirklichkeit genau das Gegenteil.

- Du isst, um zu überleben und um Energie für dein Leben zu bekommen, während Pornografie dein Mojo trübt und abbaut.

- Essen schmeckt wirklich gut und Essen ist eine wirklich angenehme Erfahrung, die wir unser ganzes Leben lang genießen. Pornografie sabotiert deine Glücksrezeptoren und zerstört so deine Chancen, dein Leben zu meistern und dich glücklich zu fühlen.

- Essen erzeugt keinen Hunger sondern lindert ihn wirklich, während die erste Pornografiesitzung das Verlangen nach Dopamin und weitere Sitzungen auslöst. Das erleichtert dich nicht, sondern sorgt dafür, dass du für den Rest deines Lebens leiden musst.

Ist Essen eine Gewohnheit? Wenn du das denkst, dann versuche mal, damit komplett aufzuhören! Essen als Gewohnheit zu bezeichnen, wäre so, als würde man Atmen als Gewohnheit bezeichnen - beides ist überlebenswichtig. Es stimmt zwar, dass Menschen die Angewohnheit haben, ihren Hunger zu verschiedenen Zeiten mit unterschiedlichen Nahrungsmitteln zu stillen, aber Essen selbst ist keine Gewohnheit. Genauso wenig ist es die Pornografie. Der einzige Grund, warum ein Nutzer den Browser startet, ist der Versuch, die leeren Gefühle zu beenden, die die vorherige Sitzung hervorgerufen hat, und zwar zu verschiedenen Zeiten und mit verschiedenen eskalierenden Genres.

Im Internet wird Pornografie häufig als Gewohnheit bezeichnet und der Einfachheit halber spricht auch EasyPeasy von der "Gewohnheit". Sei dir jedoch stets bewusst, dass Pornografie keine Gewohnheit ist, sondern eine **Sucht!** Wenn wir anfangen, Pornografie zu benutzen, müssen wir uns zwingen, damit zurechtzukommen. Ehe wir uns versehen, steigern wir uns in immer bizarrere und schockierendere Pornografie hinein. Der Nervenkitzel liegt in der Jagd, nicht im Töten, und das Dopamin verlässt den Körper nach dem Orgasmus sehr schnell wieder, was erklärt, warum Nutzer den Orgasmus hinauszögern wollen, indem sie zwischen mehreren Browserfenstern und Tabs hin und her springen.

4.4 Überschreiten der roten Linie

Wie bei jeder anderen Droge neigt der Körper dazu, eine Immunität gegen die Wirkung der gleichen alten Clips zu entwickeln, und unser Gehirn will mehr oder etwas anderes. Nach einer kurzen Zeitspanne, in der wir uns denselben Clip ansehen, hört dieser auf, die Entzugserscheinungen zu lindern, die die vorherige Sitzung verursacht hat. In diesem Pornoparadies findet ein Tauziehen statt: Du willst auf der sicheren Seite deiner "roten Linie" bleiben, aber dein Gehirn fordert dich auf, auf den Clip mit der verbotenen Frucht zu klicken.

Du fühlst dich nach der Pornografiesitzung besser, aber du bist nervöser und weniger entspannt als jemand, der nie damit angefangen hat, obwohl du in einem vermeintlichen Pornoparadies lebst. Dieses Denken ist sogar noch lächerlicher als das Tragen von engen Schuhen, denn im Laufe des Lebens bleibt ein immer größeres Unbehagen zurück, nachdem du die Schuhe ausgezogen hast. Weil die Nutzer wissen, dass das kleine Monster gefüttert werden muss, bestimmen sie selbst den Zeitpunkt, und zwar tendenziell zu vier Arten von Anlässen oder einer Kombination davon.

Langeweile / Konzentration - Zwei komplette Gegensätze!
Stress / Entspannung - Zwei komplette Gegensätze!

Welche magische Droge kann plötzlich genau den Effekt umkehren, den sie Minuten zuvor hatte? Die Wahrheit ist, dass Pornografie weder Langeweile und Stress lindert noch Konzentration und Entspannung fördert. Wenn du mal darüber nachdenkst, welche anderen Anlässe gibt es in unserem Leben, außer Schlaf? Wenn du darüber nachdenkst, dich auf andere Arten von "realistischer" oder "weniger harter" Pornografie einzulassen, beachte bitte, dass der

Inhalt dieses Buches für sämtliche Pornografie gilt - egal ob Print, Webcams, Pay-per-Views, Chat, Live-Shows usw. Der menschliche Körper ist das raffiniersteste Objekt auf unserem Planeten, aber keine Spezies, selbst die niedrigste Amöbe oder der niedrigste Wurm, überlebt, ohne den Unterschied zwischen Nahrung und Gift zu kennen.

Durch natürliche Auslese haben unser Verstand und unser Körper Techniken entwickelt, um Handlungen zu belohnen, die die Menschheit vermehren und erhalten. Sie sind nicht auf übernatürliche Reize vorbereitet, die größer, heller und verbotener sind als alles, was in der Natur vorkommt. Selbst das unschuldigste zweidimensionale Bild kann uns erregen. Aber schau es dir immer und immer wieder an, und du wirst es nicht mehr sein. Im wirklichen Leben sorgen Kontrollmechanismen dafür, dass du etwas anderes tust, aber bei Internetpornografie gibt es keine solchen Begrenzer, was dafür sorgt, dass du dein Leben in einem virtuellen Harem verbringst!

Es ist ein Irrtum, dass körperlich und geistig schwache Menschen zu Nutzern werden und die, die ihr erstes Mal abstoßend fanden und für immer geheilt sind, die Glücklichen sind. Manche sind auch einfach mental nicht darauf vorbereitet, den schweren Lernprozess zu durchlaufen, bei dem sie darum kämpfen, süchtig zu werden, Angst haben, "erwischt" zu werden oder nicht technisch versiert genug sind, um den Ikognitotab des Browsers zu finden. Der vielleicht tragischste Teil der ganzen Angelegenheit betrifft Teenager, die geschickt darin sind, Material zu finden und ihre Spuren zu verwischen, und die immer zahlreicher werden.

Der Genuss von Internetpornografie ist eine Illusion. Man springt von einem Genre zum anderen und hält sich lediglich innerhalb der "roten Linie" der "sicheren" Porno-Genres auf, um den DopaminKick zu bekommen. Wie bei Heroinsüchtigen ist alles, was man wirklich genießt, das Ritual, mit dem man seine Gelüste stillt.

4.5 Das Hoch vom Tanz um die rote Linie

Selbst bei dem einen Clip, der bei einem hängen bleibt, lernen Nutzer ständig, die schlechten und hässlichen Teile der Pornoclips herauszufiltern. Selbst wenn es sich um einen Solo-Clip handelt, filtern sie immer noch die Körperteile heraus, die sie am meisten ansprechen. Tatsächlich finden manche sogar Gefallen an diesem "Tanz um die rote Linie", indem sie das damit versuchen zu erklären, dass sie das "weiche Zeug" mögen und nicht süchtig nach unnatürlichen Reizen sind. Aber frag mal einen Nutzer, der glaubt, dass er sich an einen bestimmten Darsteller oder ein bestimmtes Genre hält: *"Wenn du deine normale Pornografie nicht bekommst und nur ein unsicheres Genre bekommen kannst, würdest du dann aufhören zu masturbieren?"*

Auf keinen Fall! Ein Nutzer wird zu allem masturbieren, zu ausufernden Genres, unterschiedlichen sexuellen Orientierungen, ähnlich aussehenden Darstellern, gefährlichen Umgebungen, schockierenden Beziehungen, zu allem, um das kleine Monster zu sättigen. Am Anfang schmecken sie furchtbar, aber mit der Zeit wirst du lernen, sie zu genießen. Nach echtem Sex, nach einem langen Arbeitstag, bei Fieber, Erkältungen, Grippe, Halsschmerzen und sogar während der Einweisung in Krankenhäuser suchen die Nutzer nach leerer Erfüllung.

Mit Genuss hat das nichts zu tun. Wenn man Sex will, macht es keinen Sinn, Zeit mit dem Laptop zu verbringen. Manche Nutzer finden es erschreckend, wenn sie realisieren, dass sie drogenabhängig sind und glauben, dass es dadurch noch schwieriger wird aufzuhören. In Wirklichkeit ist das eine gute Nachricht, und das aus zwei wichtigen Gründen.

1. Obwohl wir wissen, dass die Nachteile die Vorteile bei weitem überwiegen, glauben wir, dass Pornos etwas haben, das uns Spaß macht, oder dass sie wie eine Art Requisite wirken. Wir geben uns der Illusion hin, dass nach dem Aufhören eine Leere entsteht und bestimmte Situationen in unserem Leben nicht mehr dieselben sind. In Wirklichkeit bietet Pornografie nicht nur nichts, sie nimmt uns sogar etwas weg.

2. Obwohl Internetpornos der stärkste Auslöser für Neuheits- und sexbasierte Dopaminausschüttungen ist, ist man aufgrund der Geschwindigkeit, mit der man süchtig wird, nie wirklich schlimm süchtig. Die eigentlichen Entzugserscheinungen sind so gering, dass die meisten Nutzer leben und sterben, ohne es zu merken.

Warum fällt es dann vielen Konsumenten so schwer, aufzuhören?

Warum quälen sie sich monatelang und verbringen den Rest ihres Lebens damit, sich immer wieder zu seltsamen Zeiten danach zu sehnen? Die Antwort ist der zweite Grund: Gehirnwäsche. Die Neurotransmittersucht ist leicht zu bewältigen. Die meisten Nutzer können auf Geschäftsreisen oder auf Reisen tagelang ohne Internetpornografie auskommen, ohne von Entzugserscheinungen beeinträchtigt zu werden. Dein kleines Monster ist sich sicher, dass du deinen Laptop aufklappst, sobald du in dein Hotelzimmer zurückkehrst. Du kannst deinen unausstehlichen Kunden und deinen größenwahnsinnigen Manager aushalten, weil du weißt, dass du dir den Kick später holen kannst.

4.6 Die Raucher-Analogie

Eine gute Analogie ist die des Zigarettenrauchers. Wenn sie zehn Stunden am Tag ohne Zigarette auskommen müssten, würden sie sich die Haare raufen, aber viele Raucher kaufen sich ein neues Auto und halten davon Abstand darin zu rauchen. Viele besuchen Theater, Supermärkte oder Kirchen und es bereitet ihnen keine Probleme, nicht zu rauchen. Selbst in Zügen und Flugzeugen gibt es keine Unruhen. Raucher sind fast froh, wenn jemand oder etwas sie vom Rauchen abhält.

Nutzer verzichten bei Familienfeiern im Haus ihrer Eltern und anderen Veranstaltungen automatisch auf Internetpornografie, ohne dass es ihnen Unannehmlichkeiten bereitet. Tatsächlich haben die meisten Nutzer längere Zeiträume, in denen sie ohne Anstrengung abstinent bleiben. Das kleine neurologische Monster ist leicht zu bewältigen, selbst wenn man noch süchtig ist. Es gibt Millionen von Nutzern, die ihr ganzes Leben lang Gelegenheitskonsumenten bleiben, und doch sind sie genauso süchtig wie starken Nutzer. Es gibt sogar starke Nutzer, die ihre Sucht überwunden haben, aber ab und zu einen Blick darauf werfen, um die Wasserrutsche zu schmieren, die sie beim nächsten Stimmungsumschwung hinunterrutschen.

Wie gesagt, die eigentliche Pornosucht ist nicht das Hauptproblem, sondern dient nur als Katalysator, um uns vom eigentlichen Problem abzulenken - die Gehirnwäsche. Glaube aber nicht, dass die schlimmen Auswirkungen von Internetpornografie übertrieben sind, wenn überhaupt, dann werden sie leider unterschätzt. Gelegentlich kursieren Gerüchte, dass die entstandenen Nervenbahnen ein Leben lang bestehen bleiben und die richtige Mischung aus Zufall und Stimulus dich wieder die lebenszerstörende Wasserrutsche hinunterschickt, aber das ist nicht wahr. Unser Gehirn und unser Körper sind wunderbare Maschinen, die sich innerhalb weniger Wochen erholen.

Es ist nie zu spät, aufzuhören! Ein kurzer Blick in OnlineCommunitys zeigt dir, dass Menschen jeden Alters ihr Leben (und das ihrer Partner) wieder in Gang bringen. Wie bei allem, was Menschen tun, gehen einige auf die nächste Stufe, üben sich in Samenerhalt und Karezza und machen ihre Partner durch die Differenzierung der amativen und fortpflanzungsfördernden Seiten des Sex glücklicher als je zuvor.

Es mag ein Trost für lebenslange und starke Nutzer sein, dass es für sie genauso einfach ist, aufzuhören wie für Gelegenheitskonsumenten, und auf eine bestimmte Art ist es sogar einfacher. Je weiter es dich nach unten zieht, desto größer ist die Erleichterung. Als ich aufhörte, ging ich direkt von 180 auf *Null* runter und hatte nicht eine einzige schlechte Laune. Tatsächlich war der Prozess sogar während der Entzugsphase angenehm.

Aber zuerst müssen wir die Gehirnwäsche beseitigen.

5 Gehirnwäsche

Der zweite Faktor, warum wir mit dem Konsum beginnen, ist die Gehirnwäsche. Um dies vollständig zu verstehen, müssen wir zuerst die mächtigen Effekte von übernormalen Reizen untersuchen. Unser Gehirn ist einfach nicht darauf vorbereitet, einen "Online-Harem" zu erschaffen, in dem wir in fünfzehn Minuten zwischen mehr potenziellen Partnern hin und her wechseln können, als unsere Vorfahren in mehreren Generationen hatten.

In der Vergangenheit wurden viele falsche Ratschläge gegeben, wie zum Beispiel, dass Masturbation zu Blindheit führt. Das, zusammen mit anderer Panikmache, hat es eindeutig übertrieben. Irrtümer wie diese sollten zu Recht von der Wissenschaft widerlegt werden. Aber das Kind wurde mit dem Badewasser ausgeschüttet; von klein auf wird unser Unterbewusstsein mit sexuellen Botschaften und Bildern bombardiert, Zeitschriften und Werbung sind voll von Anspielungen. Manche Popvideos sind extrem anzüglich, aber verzweifle nicht, sondern mache es zu einem Spiel, herauszufinden, welche Dinge sie dafür verwenden - der Schockwert, die Neuheit, die Farbe, die Größe, das Tabu, usw. Ein solches Spiel kann sogar Vorschulkindern beigebracht werden, um sie zu erziehen.

Im Kern lautet die Botschaft: *"Das Wertvollste auf dieser Erde, mein letzter Gedanke und meine letzte Handlung, wird der Orgasmus sein."* Ist das übertrieben? Wenn du dir eine beliebige Fernseh- oder Filmhandlung ansiehst, wirst du sehen, wie der amative (Berührung, Geruch, Stimme) und der propagative (Orgasmus) Teil des Sex miteinander vermischt werden. Die Auswirkungen davon werden

von unserem Bewusstsein nicht wahrgenommen, aber das Unterbewusstsein hat Zeit, sie zu verarbeiten.

5.1 Wissenschaftliche Argumentation

Es gibt Werbung in die andere Richtung, Angst vor sexueller

Dysfunktion, Motivationsverlust, die Bevorzugung virtueller Pornografie gegenüber echten Frauen, YourBrainOnPorn.com und verschiedene Internet-Subkulturen, aber diese Bewegungen halten die Menschen nicht wirklich vom Konsum ab. Logisch gesehen sollten sie das, aber die simple Tatsache ist, dass sie es nicht tun. Selbst die Gesundheitsrisiken, die in von Experten geprüften Studien auf YourBrainOnPorn.com aufgeführt sind, reichen nicht aus, um einen Jugendlichen davon abzuhalten, mit dem Konsum zu beginnen.

Ironischerweise ist die stärkste Kraft in dieser Verwirrung der Nutzer selbst. Es ist ein Irrtum, dass Nutzer willensschwache oder körperlich schwache Menschen sind. Man muss körperlich stark sein, um mit einer Sucht fertig zu werden, nachdem man weiß, dass sie existiert. Die vielleicht schmerzhafteste Sache ist, dass sie sich selbst als erfolglose Verlierer und unerträgliche Introvertierte darstellen. Wahrscheinlich könnte ein Freund oder eine Freundin viel interessanter sein, wenn er/sie sich nicht selbst herunterputzen würde, weil er/sie sich selbst befriedigt.

5.2 Die Willenskraftmethode

Wer mit der Willenskraftmethode aufhört, gibt seinem eigenen Mangel an Willenskraft die Schuld und ruiniert seinen Frieden und sein Glück. Es ist eine Sache, an Selbstdisziplin zu scheitern und eine andere, sich selbst zu verachten. Schließlich gibt es kein Gesetz, das vorschreibt, dass du vor dem Sex immer hart sein musst, richtig erregt und in der Lage, deinen Partner zu befriedigen. Wir arbeiten an einer Sucht, nicht an einer Gewohnheit, und zu keinem Zeitpunkt argumentierst du mit dir selbst, um mit einer Gewohnheit wie dem

Golfspielen aufzuhören, aber dasselbe bei der Pornografiesucht zu tun, ist normal? Warum?

Wenn du ständig einem übernormalen Reiz ausgesetzt bist, wird dein Gehirn umprogrammiert. Deshalb ist es wichtig, dass du dich gegen diese Gehirnwäsche wehrst, so als würdest du ein Auto von einem Gebrauchtwagenhändler kaufen und höflich nicken, aber dem Mann kein Wort glauben. Glaube also nicht, dass du so viel Sex wie möglich haben musst, der immer besonders gut sein muss, und dass du in seiner Abwesenheit Pornografie nutzen musst.

Lass dich auch nicht auf das Spiel mit der "sicheren" Pornografie ein, denn dein kleines Monster hat dieses Spiel erfunden, um dich zu ködern. Sind Amateurpornos von einer Behörde zertifiziert? Pornografische Seiten sammeln Daten von ihren Nutzern und nutzen sie, um sich deren Bedürfnissen anzupassen. Wenn sie einen Aufschwung in einer bestimmten Kategorie feststellen, konzentrieren sie sich darauf und bringen so schnell wie möglich entsprechende Inhalte heraus. Lass dich nicht von pädagogischen Absichten oder "sicheren" Clips für Frauen täuschen. Fang an, dich zu fragen: *"Warum mache ich das? Muss ich das wirklich tun?"* **Nein, natürlich nicht!**

Die meisten Nutzer schwören, dass sie nur statische und Softpornos schauen und es ihnen deshalb gut geht, obwohl sie in Wirklichkeit an der Leine zerren und mit ihrer Willenskraft kämpfen, um den Versuchungen zu widerstehen. Wenn sie das zu oft und zu lange tun, erschöpft das ihre Willenskraft beträchtlich und sie beginnen, bei anderen Lebensprojekten zu versagen, bei denen Willenskraft von großem Wert ist, wie z. B. Sport, Diäten usw. Wenn sie in diesen Bereichen ständig versagen, fühlen sie sich unglücklich und schuldig, was dazu führt, dass sie wieder in die Pornografie abrutschen. Wenn sie das nicht tun, lassen sie ihre Wut und Depression an geliebten Menschen aus.

Wenn du erst einmal süchtig nach Internetpornografie geworden bist, wird die Gehirnwäsche noch verstärkt. Dein Unterbewusstsein weiß, dass das kleine Monster gefüttert werden muss und verdrängt alles andere aus deinem Kopf. Es ist die Angst, die die Menschen davon abhält, aufzuhören, die Angst vor dem leeren, unsicheren Gefühl, das sie bekommen, wenn sie aufhören, die Dopaminflut auszulösen. Nur weil du dir dessen nicht bewusst bist, heißt das nicht, dass es nicht so ist. Du musst es genauso wenig verstehen, wie eine Katze wissen muss, wo die Warmwasserrohre sind - die Katze weiß einfach, dass es sich warm anfühlt, wenn sie an einer bestimmten Stelle sitzt.

5.3 Passivität

Die Passivität unseres Geistes und die Abhängigkeit von Autoritäten, die zu einer Gehirnwäsche führen, sind die Hauptschwierigkeiten beim Aufgeben von Pornografie. Unsere Erziehung durch die Gesellschaft, verstärkt durch die Gehirnwäsche unserer eigenen

Sucht und der einflussreichsten Menschen, die wir kennen - unsere Freunde, Verwandten und Kollegen. Die Phrase "aufgeben" ist ein klassisches Beispiel für die Gehirnwäsche, weil sie ein echtes Opfer impliziert. Die schöne Wahrheit ist, dass es nichts aufzugeben gibt; im Gegenteil, du wirst dich von einer schrecklichen Krankheit befreien und wunderbare positive Ergebnisse erzielen. Wir werden jetzt damit beginnen, diese Gehirnwäsche zu beseitigen, indem wir nicht mehr von "aufgeben" sprechen, sondern von "aufhören",

"stoppen" oder, was vielleicht die beste Formulierung ist, **entkommen!**

Das Einzige, was uns anfangs dazu bringt, zu konsumieren, sind andere Menschen, die es tun, und das Gefühl, dass wir etwas verpassen. Wir arbeiten hart daran, süchtig zu werden, finden aber nie heraus, was diese Leute verpasst haben. Jedes Mal, wenn wir einen anderen Clip sehen, fühlen wir uns bestätigt, dass etwas dran sein muss, sonst würden es die anderen nicht tun und das Geschäft damit wäre nicht so groß. Selbst wenn sie sich die Gewohnheit abgewöhnen, fühlen sich die Ex-Nutzer beraubt, wenn auf Partys oder bei gesellschaftlichen Anlässen eine Diskussion über eine sexy Entertainerin, eine Sängerin oder sogar einen Pornostar aufkommt.

"Sie müssen gut sein, wenn alle meine Freunde über sie reden, oder? Gibt es kostenlose Bilder von ihnen im Internet?"" Sie fühlen sich sicher, dass sie heute Abend nur einen kurzen Blick darauf werfen wollen und ehe sie sich versehen, sind sie wieder süchtig.

Die Gehirnwäsche ist extrem stark und du musst dir ihrer Auswirkungen bewusst sein. Die Technologie entwickelt sich weiter und die Zukunft wird immer schnellere Websites und Zugangsmethoden mit sich bringen. Die Pornoindustrie investiert Millionen in die virtuelle Realität, damit sie das nächste große Ding wird. Wir wissen nicht, wohin wir gehen und können weder mit der heutigen Technologie noch mit dem, was noch kommen wird, umgehen.

Wir sind dabei, die Gehirnwäsche abzuschaffen. Nicht der Nichtnutzer wird beraubt, sondern der Nutzer, der sein ganzes Leben einbüßt an:

- Gesundheit
- Energie
- Reichtum
- Seelenfrieden
- Selbstvertrauen
- Mut
- Selbstrespekt
- Glücklichsein
- Freiheit

Was haben sie von diesen erheblichen Opfern? **ABSOLUT**

NICHTS, abgesehen von der Illusion, den Zustand des Friedens, der Ruhe und der Zuversicht wiederherstellen zu können, den der Nichtnutzer immer genießt.

5.4 Entzugserscheinungen

Wie bereits erklärt, glauben die Nutzer, dass sie Pornografie zum Vergnügen, zur Entspannung oder für eine Art von Bildung nutzen.

Der eigentliche Grund ist die Linderung von Entzugserscheinungen.

Unser Unterbewusstsein lernt, dass Internetpornografie und Selbstbefriedigung zu bestimmten Zeiten angenehm sind. Je mehr wir nach der Droge süchtig werden, desto größer wird das Bedürfnis, die Entzugserscheinungen zu lindern, und desto weiter zieht dich die subtile Falle nach unten. Dieser Prozess läuft so langsam ab, dass du ihn gar nicht bemerkst. Die meisten jungen Konsumenten merken erst, dass sie süchtig sind, wenn sie versuchen aufzuhören, und selbst dann geben es viele nicht zu. Nimm dieses Gespräch, das ein Therapeut mit Hunderten von Teenagern geführt hat:

Therapeut: "Dir ist klar, dass Internetpornos eine Droge sind und der einzige Grund, warum du sie konsumierst, ist, dass du nicht aufhören kannst."
Patient: "Blödsinn! Ich genieße es, wenn ich es nicht täte, würde ich aufhören."
Therapeutin: "Hör einfach eine Woche lang auf, um mir zu beweisen, dass du es kannst, wenn du willst."
Patient: "Nicht nötig, ich genieße es. Wenn ich aufhören wollte, würde ich es tun."
Therapeut: "Hör einfach eine Woche lang auf, um dir zu beweisen, dass du nicht süchtig bist."
Patient: "Was soll das bringen? Es macht mir Spaß."

Wie bereits erwähnt, neigen Konsumenten dazu, ihre Entzugserscheinungen in Zeiten von Stress, Langeweile, Konzentration oder einer Kombination davon zu lindern. In den folgenden Kapiteln werden wir auf diese Aspekte der Gehirnwäsche eingehen.

6 Aspekte der Gehirnwäsche

Das große Monster der Pornografiefalle entsteht durch das

Zusammentreffen vieler Faktoren, darunter gesellschaftliche Einflüsse, Medien, Gleichaltrige und die eigene innere Einstellung des Nutzers. Wenn es nicht gelingt, die verschiedenen Trugschlüsse auseinanderzunehmen, während man die Willenskraftmethode anwendet, führt das den Nutzer durch Gefühle der Entbehrung zurück in die Falle. Die Dekonstruktion des eingebildeten Werts von Pornografie ist entscheidend für den Erfolg, denn so kannst du erkennen, wo du betrogen wirst!

Ein wichtiger Punkt ist die Verbindung zwischen Gehirnwäsche und Angst. Es ist die Angst vor *zukünftigen Entzugserscheinungen*,

die die Entzugserscheinungen hervorruft. Angst ist die Entzugserscheinung selbst. Erinnere dich, als du Entzugserscheinungen wie schwitzige Handflächen, Kurzatmigkeit, Schlafprobleme und die Unfähigkeit, klar zu denken, hattest. Denke jetzt an ähnliche Situationen, in denen du so fühltest:

Vorstellungsgespräche, Nervosität in der Nähe einer attraktiven

Person, Reden in der Öffentlichkeit usw. Das sind die gleichen Gefühle, die die Angst auslöst. Einfach ausgedrückt: Wie kann eine physische Droge noch Monate nach dem Absetzen süchtig machen? Es muss doch psychisch sein, oder?

6.1 Stress

Nicht nur große Tragödien im Leben, sondern auch kleine Belastungen treiben den Nutzer einen Schritt weiter in den verbotenen Bereich, der vorher ausgeschlossen war. Dazu gehören Geselligkeiten, Telefonanrufe, die Ängste der Hausfrau mit kleinen

Kindern und viele andere. Nehmen wir als Beispiel Telefonanrufe, insbesondere die von Geschäftsleute. Die meisten Anrufe kommen nicht von zufriedenen Kunden oder von deinem Chef, der dich beglückwünscht, sondern kommen aus Verärgerung. Wenn er nach Hause kommt und das alltägliche Familienleben mit schreienden Kindern und den emotionalen Ansprüchen des Partners vorfindet, fantasiert der Nutzer, wenn er es nicht ohnehin schon tut, von der Erleichterung, die die Pornografie in dieser Nacht verspricht. Unbewusst erleidet er Entzugserscheinungen und ist geschwächt und unvorbereitet auf zusätzliche Belastungen. Die Entzugserscheinungen werden zum Teil gleichzeitig mit dem normalen Stress gelindert, so dass die Gesamtsumme reduziert wird und der Nutzer einen vorübergehenden Schub erhält. Der Schub ist keine Illusion, der Nutzer fühlt sich tatsächlich besser als vorher, aber er ist angespannter, als er es als Nichtnutzer wäre.

Das folgende Beispiel soll dich nicht schockieren - EasyPeasy verspricht keine solche Behandlung - sondern soll verdeutlichen, dass Pornografie deine Nerven eher zerstört als entspannt.

Stell dir vor, du kommst an einen Punkt, an dem du nicht mehr erregt werden kannst, selbst wenn du einen sexuell sehr attraktiven Partner hast. Halte einen Moment inne und versuche dir ein Leben vorzustellen, in dem eine sehr hübsche und charmante Person mit den virtuellen Pornostars aus deinem "Harem" um deine Aufmerksamkeit konkurrieren muss und dabei versagt. Stell dir den Gemütszustand einer Person vor, die, nachdem sie davor gewarnt wurde, weiter konsumiert und stirbt, ohne jemals echten Sex mit diesem charmanten und willigen Partner zu haben. Es ist leicht, diese Menschen als Verrückte abzutun, aber solche Geschichten sind nicht ausgedacht, sondern das, was die furchtbare Neuheit der Pornografiedroge mit deinem Gehirn macht. Je mehr du durch das Leben gehst, desto mehr wird dir der Mut genommen und desto mehr machst du dir vor, dass Pornografie das Gegenteil bewirkt.

Wurdest du schon einmal von Panik übermannt, wenn aus heiterem Himmel das WiFi nicht mehr funktioniert oder zu langsam ist? Nicht-Nutzer leiden nicht darunter, denn Internetpornografie verursacht dieses Gefühl. Im Laufe deines Lebens zerstört sie systematisch deine Nerven und deinen Mut, so dass DeltaFosB eine mächtige neuronale Wasserrutsche bildet, die nach und nach deine Fähigkeit, "Nein" zu sagen, zerstört. Wenn erstmal die die Potenz abgetötet wurde, glaubt der Nutzer, dass Pornografie sein neuer Partner ist, und ist unfähig, das Leben ohne sie zu meistern.

Internetpornos beruhigen deine Nerven nicht, sie zerstören sie langsam. Eine der großen Errungenschaften beim Brechen mit dieser Sucht ist die Rückkehr deines natürlichen Selbstvertrauens und deiner Selbstsicherheit.

Du musst dich nicht mehr nach deiner Fähigkeit, einen Partner zu befriedigen, bewerten - das ist keine Freiheit. Aber diese Freiheit kannst du nicht erlangen, wenn du die Dopaminrutsche weiterhin auf eine Art und Weise schmierst, die dein Glück und deine Libido untergräbt, indem du das gleiche destruktive Verhalten wiederholst.

6.2 Langeweile

Wenn du wie viele andere Menschen bist, bist du, sobald du ins Bett gehst, schon auf deiner Lieblingspornoseite und nimmst es gar nicht wahr, bis du daran erinnert wirst. Es ist zur zweiten Natur geworden. Dass Pornografie die Langeweile vertreibt, ist ein weiterer Irrtum, denn Langeweile ist eine Geisteshaltung, die nur dann auftritt, wenn du lange enthaltsam warst oder versuchst, deinen Konsum zu reduzieren.

In Wirklichkeit ist es so: Wenn du der unnatürlichen Anziehungskraft von Internetpornografie verfallen bist und dann versuchst, davon loszukommen, hast du das Gefühl, dass dir etwas fehlt. Wenn du dich mit etwas beschäftigst, das nicht stressig ist, kannst du lange Zeit durchhalten, ohne dass dich die Abwesenheit dieser Droge stört. Wenn du aber gelangweilt bist, gibt es nichts, was dich ablenkt, also fütterst du das Monster. Wenn du dem nachgibst und nicht versuchst, damit aufzuhören oder es einzuschränken, wird sogar das Einschalten des privaten Browsers unbewusst. Dieses Ritual wird automatisch; wenn er versucht, sich an die Sitzungen der letzten Woche zu erinnern, kann er das nur zu einem kleinen Teil, wie z.B. die allerletzte Sitzung oder die nach einer langen Abstinenz.

Die Wahrheit ist, dass Pornografie die Langeweile indirekt verstärkt, denn Orgasmen machen träge und anstatt einer energetischen Aktivität nachzugehen, neigen die Nutzer dazu, gelangweilt herumzuliegen und ihre Entzugserscheinungen zu lindern. Es ist wichtig, der Gehirnwäsche entgegenzuwirken, denn ein Nutzer der sich Pornografie bei Langeweile anschaut, ringt seinem Gehirn bei, Pornos als interessant anzusehen. Ebenso wurde uns eine Gehirnwäsche verpasst, die uns glauben lässt, dass Sex, selbst schlechter Sex, zur Entspannung beiträgt. Es ist eine Tatsache, dass Paare, die traurig sind oder unter Stress stehen, Sex haben wollen. Da es dabei keine Unterscheidung zwischen amativem und propagativem Sex gibt, wollen sie nach dem obligatorischen Orgasmus schnell wieder voneinander weg. Hätte das Paar einfach beschlossen, sich zu umarmen, zu reden oder zu kuscheln und schlafen zu gehen, hätten sie sich erleichtert gefühlt.

6.3 Konzentration

Selbstbefriedigung und Sex sind der Konzentration nicht förderlich. Wenn du dich konzentrieren willst, versuchst du automatisch, Ablenkungen zu vermeiden. Wenn man sich also konzentrieren will, denkt man nicht einmal nach, sondern öffnet automatisch den Browser, füttert das kleine Monster und beendet das Verlangen teilweise. Wenn man dann mit der anstehenden Sache weitermacht, hat man bereits vergessen, dass man einen Porno angesehen hat.

Nach jahrelanger Dopaminüberflutung des Gehirns verändern sich Fähigkeiten wie das Abrufen von Informationen, Planung und Impulskontrolle.

Du wirst auch dazu getrieben, dir für die nächste Sitzung etwas Neues zu beschaffen, da der gleiche Stoff nicht genug Dopamin und Opiate erzeugt. Also musst du die Straßen des Internets nach Neuem durchstreifen und gegen den Drang ankämpfen, die Grenze zu schockierendem Material zu überschreiten, was wiederum mehr Stress erzeugt und dich nach der Beendigung unerfüllt lässt.

Die Konzentration wird auch dadurch beeinträchtigt, dass die Dopaminrezeptoren durch natürliche Toleranz aufgrund der großen Schübe abgebaut werden, wodurch der Nutzen kleinerer Dopaminschübe durch natürliche Dinge, verringert wird. Deine Konzentration und Inspiration werden durch die Verringerung dieses Prozesses erheblich gesteigert. Für viele ist es der

Konzentrationsaspekt, der sie daran hindert, mit der Willenskraftmethode Erfolg zu haben. Sie könnten die Reizbarkeit und schlechte Laune in Kauf nehmen, aber das Unvermögen, sich auf etwas Schwieriges zu konzentrieren, sobald die Krücke weg ist, ruiniert viele.

Der Konzentrationsverlust, unter dem die Nutzer leiden, wenn sie versuchen zu fliehen, ist nicht auf die Abwesenheit von Sex, geschweige denn von Pornografie zurückzuführen. Man hat mentale Blockaden, wenn man süchtig ist, und was macht man, wenn man eine mentale Blockade hat? Man schaltet den Browser ein; aber das löst die Blockade nicht, also macht man was? Man tut, was man tun muss und macht weiter, genau wie Nicht-Nutzer.

Wenn du ein Nutzer bist, wird nichts auf diesen Fakt geschoben: Nutzer haben nie Erektionsstörungen, nur gelegentliche Ausfälle. In dem Moment, in dem du mit dem Konsum aufhörst, wird alles, was schief läuft, darauf geschoben, dass du aufgehört hast. Wenn du jetzt eine mentale Blockade hast, sagst du dir: *"Wenn ich jetzt nur meinen*

Harem checken könnte, wären alle meine Probleme gelöst". Dann fängst du an, deine Entscheidung, aufzuhören und der Sklaverei zu entkommen, in Frage zu stellen.

Wenn du glaubst, dass Pornografie eine echte Konzentrationshilfe ist, wird das Grübeln darüber garantieren, dass du dich nicht konzentrieren kannst. Zweifel, nicht die körperlichen

Entzugserscheinungen, erschafft das Problem. Denke immer daran, dass es der Nutzer ist, der unter den Entzugserscheinungen leidet, nicht der Nichtnutzer.

6.4 Entspannung

Die meisten Nutzer denken, dass Pornografie ihnen hilft, sich zu entspannen. Das tut es aber nicht. Die hektische Suche nach dem Kick in den "dunklen Gassen des Internets" und das innere Zerren an der Leine, um die rote Linie nicht zu überschreiten, klingen nicht gerade nach einer entspannenden Tätigkeit.

Wenn die Nacht nach einem Ausflug an einen neuen Ort oder einem langen Tag hereinbricht, setzen wir uns zum Entspannen hin, stillen unseren Hunger und Durst und sind rundum zufrieden. Der Nutzer ist es nicht, denn er hat einen anderen Hunger, den er stillen muss. Pornografie ist das Sahnehäubchen auf dem Kuchen, aber in Wirklichkeit ist es das "kleine Monster", das gefüttert werden will. Die Wahrheit ist, dass der Süchtige nie ganz entspannt sein kann und dass es im Laufe des Lebens immer schlimmer wird. Nimm einen Online-Kommentar von einem Ex-Nutzer:

> *"Ich habe wirklich geglaubt, dass ich einen bösen Dämon in mir hatte. Heute weiß ich, dass ich das hatte, aber es war kein angeborener Fehler in meinem Charakter, sondern das kleine Internetpornomonster, das das Problem verursachte. Zu der Zeit dachte ich, ich hätte alle Probleme der Welt, aber wenn ich*

auf mein Leben zurückblicke, frage ich mich, worin der große Stress bestand. Alles andere in meinem Leben hatte ich unter Kontrolle, das einzige, was mich kontrollierte, war die Pornosklaverei. Das Traurige ist, dass ich meine Kinder bis heute nicht davon überzeugen kann, dass es die Sklaverei war, die mich so reizbar gemacht hat."

Jedes Mal, wenn ich höre, wie ein Pornografiesüchtiger versucht, seine Sucht zu rechtfertigen, lautet die Botschaft: *"Oh, es hilft mir, mich zu entspannen."* Im Internet habe ich von einem alleinerziehenden Vater gelesen, dessen sechsjähriger Sohn nachts nach einem Gruselfilm angsterfüllt in das Bett seines Vaters wollte, aber der Vater weigerte sich, damit er seine Sitzung haben und stundenlang "edgen" konnte.

Hier noch eine Analogie zum Rauchen: Vor ein paar Jahren drohten die Adoptionsbehörden damit, Raucher an der Adoption von Kindern zu hindern. Ein Mann rief wütend an. *"Sie liegen völlig falsch"*, sagte er. *"Ich weiß noch, wie ich als Kind bei Streitigkeiten mit meiner Mutter gewartet habe, bis sie sich eine Zigarette angezündet hatte, weil sie dann entspannter war."* Warum konnte der Mann nicht mit seiner Mutter reden, wenn sie gerade keine Zigarette rauchte?

Warum sind manche Nutzer so gestresst, wenn sie ihren Kick nicht bekommen, selbst nach echtem Sex? Ein Erlebnis, das online gestellt wurde, berichtet von einem Mann, der in der Werbebranche arbeitet und jederzeit 9er und 10er für Verabredungen verfügbar hat, aber das Interesse daran verliert, sie zum Essen auszuführen, weil Internetpornografie viel einfacher ist, keine Ausgaben für ein Restaurant erfordet oder am Ende eines Abends kein "Nein" davon zu erwarten ist. Warum sollte er sich die Mühe machen, wenn sein kleines Monster ihn sich nach dem risikoarmen und lohnenswerten Plan sehnen lässt, der ihm zur Verfügung steht?

Warum sind dann Nicht-Nutzer völlig entspannt? Warum sind die Nutzer nicht in der Lage, sich einen oder zwei Tage lang ohne einen

Fix zu entspannen? Lies die Erfahrung eines Nutzers, der einen Abstinenzschwur abgelegt hat und aufhört, und du wirst feststellen, dass er mit Versuchungen zu kämpfen hat und offensichtlich überhaupt nicht entspannt ist, wenn er das "einzige Vergnügen", das er "genießen darf", nicht haben kann. Er hat vergessen, wie es ist, völlig entspannt zu sein. Pornografie kann mit einer Fliege verglichen werden, die in einer Kannenpflanze gefangen ist. Am Anfang frisst die Fliege den Nektar, aber irgendwann beginnt die Pflanze, die Fliege zu fressen, ohne dass sie es merkt.

Ist es nicht an der Zeit, dass du aus der Pflanze herauskletterst?

6.5 Energie

Die meisten Nutzer sind sich der immer größer werdenden Auswirkungen auf das Belohnungs- und Sexualsystem ihres Gehirns bewusst, die die anauernde Suche nach neuer und eskalierender Pronografie mit sich bringt. Sie sind sich jedoch nicht bewusst, welche Auswirkungen dies auf ihr Energieniveau hat.

Eine der Feinheiten der Pornografiefalle ist, dass die Auswirkungen auf unseren Körper und unsere Psyche so allmählich und unmerklich ablaufen, dass wir sie nicht wahrnehmen und sie als normal ansehen. Der Effekt ist ähnlich wie bei schlechten Essgewohnheiten: Wir sehen uns Menschen an, die stark übergewichtig sind, und fragen uns, wie sie es sich erlauben konnten, diesen Zustand zu erreichen. Aber stell dir vor, es wäre über Nacht passiert: Du wärst schlank und muskulös ins Bett gegangen und hättest kein Gramm Fett an deinem Körper und wachst auf und findest dich dick, aufgedunsen und dickbäuchig vor. Anstatt ausgeruht und voller Energie aufzuwachen, fühlst du dich elend, lethargisch und kannst kaum die Augen öffnen.

Du hast Panik und fragst dich, was für eine schreckliche Krankheit du dir über Nacht eingefangen hast, und doch ist die Krankheit genau dieselbe. Die Tatsache, dass es zwanzig Jahre gedauert hat, bis du zu diesem Punkt gekommen bist, ist irrelevant. Bei Pornografie ist es das Gleiche. Wenn es möglich wäre, deinen Geist und deinen Körper sofort in die Zukunft zu versetzen, um dir einen direkten

Vergleich zu geben, wie du dich fühlen würdest, wenn du nur drei Wochen lang mit Pornografie aufhören würdest, wäre das alles, was du brauchst, um überzeugt zu sein. Du würdest dich fragen, ob es sich wirklich so gut anfühlen kann, oder, noch besser: *"Bin ich wirklich so tief gesunken?* Du würdest dich nicht nur gesünder und energiegeladener fühlen, sondern auch viel mehr Selbstvertrauen ausstrahlen und eine höhere Konzentrationsfähigkeit haben.

Der Mangel an Energie, Müdigkeit und alles, was damit zusammenhängt, wird gerne unter den Teppich des "Älterwerdens" gekehrt. Freunde und Kollegen, die ebenfalls einen sesshaften Lebensstil führen, verstärken die Normalisierung dieses Verhaltens noch. Der Glaube, dass Energie ein ausschließliches Vorrecht von Kindern und Teenagern ist und dass das Alter in den Zwanzigern beginnt, ist ein weiteres Symptom der Gehirnwäsche, ebenso wie die Unkenntnis über Ess- und Bewegungsgewohnheiten als Folge der verstärkenden Wirkung der Dopamin-Desensibilisierung.

Kurz nachdem du mit der Pornografie aufgehört hast, wird dich das vernebelnde und drückende Gefühl verlassen. Der Punkt ist, dass du mit Pornografie ständig deine Energie verbrauchst und dabei die neurologische Chemie deines Belohnungskreislaufs durcheinander bringst. Anders als beim Aufhören mit Rauchen, wo die körperliche und geistige Gesundheit nur allmählich wiederhergestellt werden kann, erzielst du bei Qufhören mit Pornografie vom ersten Tag an hervorragende Ergebnisse. Das "kleine Monster" zu töten und die Wasserrutschen zu schließen, braucht ein bisschen Zeit, aber die Wiederherstellung deines Belohnungskreislaufs ist bei Weitem nicht so langsam wie die Rutsche in die Grube. Wenn du das Trauma der Willenskraftmethode durchmachst, wird jeder Gewinn an Gesundheit oder Energie durch die Depression, die du durchmachst, wieder zunichte gemacht. Leider ist es nicht möglich, dass EasyPeasy dich in deinen Geist, den du in drei Wochen haben wirst, versetzt, aber du kannst das! Du weißt instinktiv, dass das, was dir gesagt wird, richtig ist, **du musst nur deine Vorstellungskraft benutzen!**

6.6 Sessions nach Treffen mit Freunden

Das ist eine Fehlinformation, die scheinbar Sinn macht, aber nicht stimmt. Um deinen Appetit zu zügeln, isst du zu Hause, bevor du in ein Restaurant oder auf eine Party gehst? Genau das tust du mit Sitzungen vor geselligen Abenden: Du siehst müde aus und bist nicht in Bestform. Die weit verbreitete Einführung von Pick-up-Techniken hat zu einem Leistungs-, Pick-up- und Erfolgsdruck geführt. Wenn du versuchst, deine Schmetterlinge mit Pornografie und Drogen zu ertränken, wird das Problem auf lange Sicht nur noch schlimmer. Ich persönlich mag ein bisschen Angst, um mich zu fokussieren und zu engagieren, und mich geistig und körperlich mit einem Orgasmus zu ermüden, wird mir nicht helfen.

Diese Sitzungen vor geselligen Abenden werden durch zwei oder mehr unserer üblichen Gründe für die Suche nach Vergnügen und Lust ausgelöst; Im Grunde sind soziale Treffen sowohl stressig als auch entspannend. Das mag wie ein Widerspruch erscheinen, aber jede Form der Geselligkeit kann stressig sein, selbst mit Freunden: Man will einerseits man selbst und andererseits völlig entspannt sein. Es gibt viele Anlässe, bei denen mehrere Faktoren gleichzeitig auftreten, zum Beispiel beim Autofahren, denn schließlich geht es um dein Leben. Es ist anstrengend und du musst dich über einen längeren Zeitraum konzentrieren. Aber du musst dir dieser Faktoren nicht bewusst sein, da dein Unterbewusstsein die Nachricht bereits empfängt. Wenn du im Stau stehst oder dich auf einer langen Autobahnfahrt langweilst, versprichst du dir vielleicht eine Sitzung, sobald du zu Hause ankommst.

Ein weiteres gutes Beispiel ist ein erstes Date, bei dem dein Verstand dir Fragen über die Person stellt, die du treffen wirst. Wenn du die Person dann in natura triffst und die Begeisterung nachlässt, fühlst du dich zu entspannt und dann schuldig, weil du dich so fühlst. Das Tauziehen hat begonnen, *"Ich will Sex oder so schnell wie möglich hier raus"*, und bereitet dich auf die Pornografie nach dem Date vor.

Selbst wenn das Date gut gelaufen ist und du Stunden später wieder bei ihr/ihm bist, wirst du nicht zufriedengestellt werden, wenn dein einziges Ziel der Orgasmus ist. Ein anderes Mal fährst du allein nach Hause und denkst nur an deinen Online-Harem, anstatt dich für deine Bemühungen selbst zu beglückwünschen. Du kannst darauf wetten, dass jemand in dieser Lage definitiv eine Sitzung abhält, wenn er zu Hause ankommt, und oft denken wir nach solchen Nächten, wenn wir aufwachen und eine unangenehme Leere verspüren, dass wir diese am meisten vermissen werden, wenn wir darüber nachdenken, mit Pornografie aufzuhören. Wir denken, dass das Leben nie wieder so angenehm sein wird. In Wirklichkeit ist es dasselbe Prinzip: Die Sitzungen dienen lediglich dazu, die Entzugserscheinungen zu lindern, wobei das Bedürfnis zu bestimmten Zeiten größer ist als zu anderen und die Wasserrutsche für den nächsten Auslösereiz geschmiert wird.

Damit das klar ist: Nicht Internetpornografie und Harembewohner sind etwas Besonderes, sondern die Gelegenheit. Sobald das Bedürfnis nach Pornografie wegfällt, werden solche Gelegenheiten angenehmer und stressige Situationen weniger stressig.

7 Was gebe ich auf?

Absolut gar nichts! Es ist schwierig, Pornografie aufzugeben, weil wir Angst haben, dass wir um unser Vergnügen oder unsere Stütze gebracht werden. Die Angst, dass bestimmte angenehme Situationen nie wieder ganz so sein werden wie vorher. Die Angst, mit stressigen Situationen nicht umgehen zu können. Mit anderen Worten: Es sind die Auswirkungen einer Gehirnwäsche, die uns vorgaukelt, dass Sex und damit auch der Orgasmus ein Muss für alle Menschen ist. Mehr noch, es ist der Glaube, dass wir etwas in der Internetpornografie brauchen und dass wir uns selbst verleugnen und eine Leere schaffen, wenn wir aufhören sie zu benutzen.

Mache dir folgendes dringend bewusst: Pornografie füllt keine Leere, es schafft eine!

Unsere Körper sind die ausgeklügeltsten Objekte auf dem Planeten. Ob du nun an intelligentes Design, natürliche Auslese oder eine Kombination von beidem glaubst - unsere Körper sind tausendmal effektiver als der Mensch selbst! Wir sind nicht in der Lage, die kleinste lebende Zelle oder die Wunder des Sehvermögens, der Fortpflanzung und der verschiedenen miteinander verknüpften

Systeme in unserem Körper oder Gehirn zu erschaffen. Hätte der Schöpfer oder der Prozess gewollt, dass wir mit unnormalen Reizen umgehen, wären wir mit anderen Belohnungssystemen ausgestattet worden. Unser Körper ist mit ausfallsicheren Warnsystemen ausgestattet, die wir auf eigene Gefahr ignorieren.

7.1 Du gibst nichts auf

Wenn du das kleine Monster aus deinem Körper und die Gehirnwäsche (das große Monster) aus deinem Kopf entfernt hast, wirst du weder oft masturbieren noch Internetpornografie dafür benutzen wollen. Es gibt viel, was wir wissen und was wir nicht wissen, wenn es um Pornografiesucht geht. Viele in der medizinischen Gemeinschaft haben kein Konzept, um jemanden als pornografiesüchtig zu bestimmen. Viele der gemeldeten Symptome werden fälschlicherweise anderen Ursachen zugeschrieben. Es ist nicht so, dass Pornografienutzer generell dumm sind, es ist nur so, dass sie ohne Pornografie unglücklich sind. Sie befinden sich in einer Zwickmühle: Wenn sie abstinent sind, fühlen sie sich unglücklich, weil sie keine Pornografie konsumieren können, und wenn sie sie doch nutzen, sind sie unglücklich, weil sie sich schuldig fühlen und anfangen, sich selbst zu verachten. Wenn sie Symptome wie Rückenschmerzen oder PIED bekommen, sind sie hin- und hergerissen entweder Verantwortung zu übernehmen und wegzuschauen.

Noch eine Analogie zum Rauchen: Wir alle kennen Raucher, die Ausreden finden, um heimlich einen Zug zu nehmen, und wir sehen die wahre Sucht in diesem Handeln. Süchtige tun das nicht zum Vergnügen, sondern weil sie sich ohne dies unglücklich fühlen.

Für viele endete ihre erste sexuelle Erfahrung mit einem Orgasmus, so dass sie glauben, dass sie Sex ohne Orgasmus nicht genießen können. Für Männer werden Pornos als Hilfsmittel für den Sex vermarktet, manchmal sogar als Unterricht, um mehr

Selbstvertrauen während des Aktes zu bekommen. Das ist Unsinn, denn die Konditionierung zu unnormalen Reizen führt nur dazu, dass sie abnimmt.

Es gibt nicht nur nichts, was man aufgeben müsste. Es gibt sogar massive positive Effekte. Wenn Nutzer ans Aufhören denken, konzentrieren sie sich meist auf Gesundheit und Potenz. Das sind berechtigte und wichtige Gründe, aber ich persönlich glaube, dass die größten Vorteile psychologischer Natur sind:

- Die Rückkehr deines Vertrauens und Mutes.
- Freiheit von der Sklaverei.
- Nicht länger schreckliche schwarze Schatten im Hinterkopf zu haben und dich selbst zu verachten.

7.2 Leere, die Leere, die schöne Leere!

Stell dir vor, du hast ein Fieberbläschen im Gesicht. Du gehst zum Apotheker und er gibt dir eine kostenlose Salbe zum Ausprobieren. Du trägst die Salbe auf und sie verschwindet sofort. Eine Woche später taucht sie wieder auf, also gehst du wieder in die Apotheke und fragst, ob sie noch mehr Salbe haben. Der Apotheker sagt: *"Klar, behalte die Tube, du brauchst sie vielleicht später."*

Du trägst die Salbe auf und schwupps, ist die Wunde wieder verschwunden. Aber jedes Mal, wenn die Wunde wiederkommt, wird sie größer und schmerzhafter, und die Abstände werden immer kürzer. Schließlich bedeckt die Wunde dein ganzes Gesicht, ist unerträglich schmerzhaft und kommt alle halbe Stunde wieder. Du weißt, dass die Salbe sie vorübergehend beseitigen wird, aber du machst dir große Sorgen. Wird sich die Wunde irgendwann auf deinen ganzen Körper ausbreiten? Wird der Abstand dazwischen ganz verschwinden? Du gehst zu deinem Arzt und der kann es nicht heilen, also probierst du andere Dinge aus, aber außer der Salbe hilft nichts.

Inzwischen bist du völlig abhängig von der Salbe und gehst nie mehr aus dem Haus, ohne sicherzugehen, dass du eine Tube dabei hast. Wenn du ins Ausland fährst, stellst du sicher, dass du gleich mehrere

Tuben eingepackt hast. Zusätzlich zu deinen Sorgen um deine Gesundheit berechnet dir der Apotheker hundert Dollar pro Tube. Du hast keine andere Wahl, als zu zahlen.

Du stolperst über einen Artikel, in dem es um dieses Thema geht, und erfährst, dass es nicht nur dir so geht, sondern dass viele Menschen unter demselben Problem leiden. Tatsächlich haben Mediziner herausgefunden, dass die Salbe die Wunde nicht wirklich heilt, sondern sie nur unter die Hautoberfläche zwingt. Es ist die Salbe, die das Wundsein verursacht hat. Alles, was du tun musst, um das Wundsein loszuwerden, ist, die Salbe nicht mehr zu benutzen, und es wird mit der Zeit verschwinden.

Würdest du die Salbe weiter benutzen? Würde es Willenskraft erfordern, die Salbe nicht zu benutzen? Wenn du dem Artikel nicht glauben würdest, könntest du ein paar Tage lang Angst haben, aber sobald du merkst, dass die Wunde besser wird, würde das Bedürfnis oder der Wunsch, die Salbe zu benutzen, verschwinden. Würdest du dich unglücklich fühlen? Nein, natürlich nicht! Du hattest ein schreckliches Problem, von dem du dachtest, es sei unheilbar, aber jetzt hast du die Lösung gefunden. Selbst wenn es ein Jahr dauern würde, bis die Wunde verschwindet, würdest du jeden Tag, an dem es besser wird, daran denken, wie großartig du dich fühlst. Das ist der Zauber des Aufhörens mit Pornografie.

Die Wunde ist nicht der Schmerz im Körper, der Mangel an normaler Lust, die nachlassende Erregung, die schwindende Penetration, die verschwendete Zeit, die du mit zweidimensionalen Bildern verbringst, das Gefühl der Anspruchsverletzung, die Verachtung der Leute, die dich erwischt haben, oder noch schlimmer, die Verachtung deiner selbst. All das kommt noch zu dem wunden Punkt hinzu.

Die Wunde lässt uns vor all diesen Dingen die Augen verschließen, es ist dieses panische Gefühl, einen Fix zu wollen. Nicht-Nutzer leiden nicht unter diesem Gefühl. Das Schlimmste, was wir erleiden können, ist die Angst, und der größte Gewinn ist es, diese Angst loszuwerden. Sie wird durch die erste Sitzung ausgelöst und durch jede weitere verstärkt und verursacht.

Manche Nutzer sind "glücklich", geblendet von ihren gerissenen kleinen Monstern und durchleben denselben Albtraum immer wieder, indem sie falsche Argumente vorbringen, um ihre Dummheit zu rechtfertigen.

Es ist so schön frei zu sein!

8 Zeit sparen

Wenn eingefleischte Nutzer aufhören wollen, werden meist gesundheitliche Gründe, die Religion und das Stigma des Partners als Hauptgründe genannt. Ein Teil der Gehirnwäsche dieser schrecklichen Droge ist die schiere Sklaverei, die sie mit sich bringt. Der Mensch hat hart dafür gekämpft, die Sklaverei in vielen Teilen der Welt abzuschaffen, und doch verbringt der Nutzer sein Leben in selbst auferlegter Sklaverei. Er ist sich der Tatsache nicht bewusst, dass er, wenn er Pornografie konsumieren darf, sich wünscht, dass er kein Konsument wäre. Die einzige Zeit, in der Pornografie wertvoll wird, ist, wenn er "versucht", sie zu reduzieren oder abstinent zu bleiben, oder wenn ihm die Abstinenz aufgezwungen wird.

Es kann nicht oft genug betont werden, dass es die Gehirnwäsche ist, die es schwierig macht, mit Pornografie aufzuhören. Je mehr davon entwirrt wird, bevor du damit anfängst, desto leichter wirst du dieses Ziel erreichen. Nutzer, die nicht glauben, dass Pornografie negative Auswirkungen auf ihre Gesundheit haben (PIED, Hypofrontalität, etc.) und sich nicht in einem mentalen Tauziehen befinden, sind in der Regel jünger oder Single mit einem gelegentlichen Sexpartner. Deswegen geht das interne Feedback aufgrund ihrer Jugend verloren oder ist zu unregelmäßig, um beobachtet und registriert zu werden.

Ein besseres Argument für einen jüngeren Nutzer ist die damit verbrachte Zeit, indem man eher sagt: *"Ich kann nicht glauben, dass du dir keine Gedanken über die Zeit machst, die du verbringst."* In der Regel leuchten ihre Augen vor Entrüstung auf und sie fühlen sich benachteiligt, wenn das Thema aus gesundheitlichen Gründen oder wegen der sozialen Stigmatisierung angegriffen werden, aber bei der Zeit...

"Oh, ich kann es mir leisten. Es sind nur x Stunden pro Woche und ich denke, das ist es wert, es ist mein einziges Laster, das mir Freude bereitet."

"Ich kann immer noch nicht glauben, dass du dir keine Sorgen machst. Wenn wir von einer halben Stunde pro Tag ausgehen und die körperliche Auszehrung durch den Dopamin-Entzug mit einbeziehen, verbringst du etwa alle zwei Wochen einen vollen Arbeitstag damit. Ich bin sicher, du stimmst mir zu, dass eine halbe Stunde pro Tag eine sehr konservative Schätzung ist. Hast du schon einmal darüber nachgedacht, wie viel Zeit du im Laufe deines Lebens damit verbringen wirst? Was machst du in dieser Zeit? Echte Beziehungen aufbauen? Nein, dein Lieblingspornostar hat keine Sympathie für dich, nur weil du so viel Zeit mit ihren Videos verbringst - du vergeudest deine Zeit! Nicht nur das, du nutzt diese Zeit sogar, um deine körperliche Gesundheit zu ruinieren, deine Nerven und dein Selbstvertrauen zu zerstören, um ein Leben lang unter Sklaverei, Schmerzen, Melancholie und Verdrossenheit zu leiden. Das muss dir doch Sorgen machen, oder?"

Vor allem bei jüngeren Nutzern ist es offensichtlich, dass sie es nie als lebenslange Sucht betrachtet haben. Gelegentlich rechnen sie aus, wie viel Zeit sie in einer Woche damit verschwenden, und das ist alarmierend genug. Sehr selten, wenn sie ans Aufhören denken, schätzen sie ab, wie viel sie in einem Jahr davor sitzen, was erschreckend ist, aber ein Leben lang? Undenkbar. Weil wir uns jedoch mit einem eingefleischten Nutzer streiten, sagt er impulsiv: "Ich kann es mir leisten, es kostet nur so viel pro Woche", und hauen sich damit selbst übers Ohr.

Würdest du einen Job ablehnen, bei dem du dein aktuelles Jahresgehalt bekommst und außerdem jedes Jahr einen Monat frei hast? Jeder Nutzer würde sofort unterschreiben und sich auf die Suche nach Urlaubsangeboten für exotische Orten machen.

Herauszufinden, wie man einen ganzen Monat ohne Arbeit verbringen kann, wäre das größte Problem, das es zu lösen gilt. In jedem Gespräch mit einem eingefleischten Nutzer (und bitte bedenke, dass ich nicht mit jemandem wie dir spreche, der vorhat, aufzuhören) hat niemand dieses Angebot angenommen. Warum nicht?

Oft sagt ein eingefleischter Nutzer an dieser Stelle: *"Schau, der finanzielle Aspekt macht mir eigentlich keine Sorgen."* Wenn du so denkst, frage dich, warum du dir keine Sorgen machst. Warum gibst du dir in anderen Bereichen deines Lebens so viel Mühe, um hier und da ein paar Dollar zu sparen, aber schleuderst Tausende raus, um dein Glück zu zerstören?

Jede andere Entscheidung, die du in deinem Leben triffst, ist das Ergebnis eines analytischen Prozesses, bei dem du die Vor- und Nachteile abwägst, um zu einer rationalen Entscheidung zu kommen. Es mag die falsche Entscheidung sein, aber sie wird das Ergebnis einer rationalen Schlussfolgerung sein. Wann immer ein Nutzer die Vor- und Nachteile der Nutzung von Internetpornografie abwägt, lautet die Antwort stets: *"Hör auf, sie zu nutzen! DU BIST EIN IDIOT!"*. Nutzer tun das nicht, weil sie es wollen oder sich dafür entscheiden, sondern weil sie nicht aufhören können. Sie MÜSSEN es tun, verabreichen sich damit eine Gehirnwäsche und stecken den Kopf in den Sand.

Nutzer sollten bedenken, dass sich die Situation exponentiell verschlechtern wird, während mehr Studien veröffentlicht werden und mehr Menschen über die schädlichen Auswirkungen von Internetpornografie sprechen. Heute sind es Nicht-Mediziner, die über die Auswirkungen sprechen, morgen wird es auf der Liste der diagnostischen Tests deines Arztes stehen. Vorbei sind die Zeiten, in denen der Nutzer seine "Auszeiten" hinter Arbeitsstress verstecken konnte; dein Partner wird dich fragen, warum du spät abends noch am Laptop sitzt. Der arme Nutzer, der sich ohnehin schon elend fühlt, möchte nun, dass sich der Boden auftut und ihn verschluckt.

Das Seltsame ist: Viele Menschen würden gutes Geld für Fitnessstudio-Mitgliedschaften und persönliche Trainer zahlen, um Muskeln aufzubauen und gut auszusehen. Viele greifen in ihrer eingebildeten (und realen) Verzweiflung zu Behandlungen wie der Steigerung des Testosterons mit zweifelhaften und gefährlichen Nebenwirkungen. Dabei gibt es viele Menschen in dieser Gruppe, die davon profitieren würden, wenn sie mit einer Praxis aufhören würden, die systematisch die natürlichen Entspannungssysteme ihres Gehirns zerstört.

Das liegt daran, dass sie immer noch mit dem gehirngewaschenen Verstand des Nutzers denken. Wisch dir für einen Moment den Sand aus den Augen. Internetpornografie ist eine Kettenreaktion und eine Kette fürs Leben, und wenn du diese Kette nicht unterbrichst, wirst du für den Rest deines Lebens ein Nutzer bleiben. Schätze mal ab, wie viel Zeit du für den Rest deines Lebens mit Pornografie verbringen wirst. Natürlich ist das von Person zu Person unterschiedlich, aber nehmen wir mal an, es sind eineinhalb Jahre Arbeitszeit. Stell dir vor, du hättest morgen einen Scheck von der Lotterie über eineinhalb Jahre deines Gehalts auf dem Teppich liegen! Du würdest vor Freude tanzen, also fang an zu tanzen! Du bist kurz davor, genau das zu bekommen!

Wenn du denkst, dass das eine schräge Sichtweise auf das Thema ist, machst du dir immer noch etwas vor. Rechne aus, wie viel Zeit du gespart hättest, wenn du überhaupt nicht angefangen hättest.

In Kürze wirst du die Entscheidung treffen, deine letzte Sitzung zu haben (noch nicht, bitte denk an die Anleitung!) und ein NichtNutzer zu bleiben, indem du nicht noch einmal in die Falle tappst.

Alles, was du tun musst, um ein Nicht-Nutzer zu bleiben, ist, keine Pornos zu schauen und "nur einen Blick" zu vermeiden. Denke daran, dass wenn du es doch tust, es dich das kosten wird, was du eben als das Gehalt von eineinhalb Jahren veranschlagt hast.

Wenn du jemanden wegen seiner Pornosucht berätst, sag ihm, dassdur jemanden kennst, der ein Jobangebot abgelehnt hat, bei dem er sein aktuelles Jahresgehalt bekommt und außerdem einen ganzen Monat bezahlten Urlaub hat. Wenn du gefragt wirst, wer dieser Idiot ist, sagst du: "Du!" Das ist zwar unhöflich, aber manchmal muss man seinen Standpunkt auf eine weniger höfliche Art und Weise deutlich machen.

Das ist der Bereich, in dem die Gehirnwäsche am größten ist. Vor allem junge und alleinstehende Konsumenten denken, dass sie sich der Gesundheitsrisiken bewusst sind, sind es aber nicht. Viele machen sich etwas vor, indem sie sagen, sie seien bereit, die Konsequenzen zu tragen. Wenn dein Internet-Router eine Funktion hätte, die einen Alarmton mit einer Warnung abspielt, wenn du eine Pornoseite aufrufst, die sagt: *"Bis jetzt bist du damit durchgekommen, aber wenn du noch eine Minute länger bleibst, wird dein Kopf explodieren."* Wärst du dann geblieben? Wenn du dir über die Antwort im Unklaren bist, versuche, auf eine Klippe zuzugehen, dich mit geschlossenen Augen an den Rand zu stellen und dir vorzustellen, dass du die Wahl hättest, entweder mit dem Porno aufzuhören oder mit verbundenen Augen weiter zu gehen.

Es besteht kein Zweifel daran, was deine Wahl wäre, aber wenn du den Kopf in den Sand steckst und hoffst, dass du eines Morgens aufwachst und keine Pornos mehr sehen willst, erreichst du nichts.

Die Nutzer können es sich nicht erlauben, an die gesundheitlichen Risiken zu denken, denn wenn sie das tun, verschwindet das illusorische Vergnügen der Sucht. Das erklärt, warum Schocktherapien in den ersten Phasen der Entwöhnung so unwirksam sind. Nur Nichtkonsumenten bringen sich dazu, über die zerstörerischen Veränderungen im Gehirn zu lesen.

Nimm dieses häufige Gespräch mit Nutzern, meist jüngeren.

Ich: Warum willst du aufhören?
Nutzer: *Ich habe im Blog eines Anmachkünstlers gelesen, dass es gut ist, vier Tage lang aufzuhören, um mich aufzuladen.*
Ich: Machst du dir keine Sorgen wegen der gesundheitlichen Risiken?
Nutzer: *Nein, ich könnte morgen von einem Bus überfahren werden.*
Ich: Aber würdest du dich absichtlich überfahren lassen?
Nutzer: *Natürlich nicht.*
Ich: Machst du dir nicht die Mühe, nach links und rechts zu schauen, wenn du die Straße überquerst? Nutzer: *Natürlich mach ich das.*

Genau, sie geben sich große Mühe, nicht von einem Bus überrollt zu werden, und die Chancen stehen tausend zu eins, dass das nicht passiert. Doch der Nutzer riskiert mit an Sicherheit grenzender Wahrscheinlichkeit, durch seine Sucht verkrüppelt zu werden, und scheint sich dessen gar nicht bewusst zu sein. Das ist die Macht der Gehirnwäsche: Internetpornos sind ein Wolf im Schafspelz. Ist es nicht seltsam, dass wir nicht in ein Flugzeug steigen würden, wenn wir das Gefühl hätten, dass es auch nur den kleinsten Fehler hat, obwohl das Risiko millionen zu eins ist, aber bei Pornos ist die Wahrscheinlichkeit mehr als eins zu vier und wir sind uns dessen offenbar nicht bewusst? Was hat der Nutzer davon? **Absolut nichts!**

Ein weiterer weit verbreiteter Mythos sind Depressionen oder Miesepetrigkeit. Viele jüngere Menschen machen sich keine Sorgen um ihre Gesundheit, weil sie nicht unter Depressionen oder Melancholie leiden. Die Depression oder der Stress ist nicht die

Krankheit, sondern ein Symptom. Jüngere Menschen spüren im Allgemeinen nicht die Reizbarkeit oder Depression, die durch die natürliche Fähigkeit ihres Körpers, mehr Dopamin zu produzieren, entsteht. Wenn sie älter werden oder in ihrem Leben ernsthafte Rückschläge erleiden, werden ihre bereits erschöpften Ressourcen überstrapaziert und sie bekommen die vollen Symptome zu spüren. Wenn sich ältere Konsumenten gestresst, deprimiert oder gereizt fühlen, liegt das daran, dass die natürlichen Schutzmechanismen das Nervensystem durch das Entfernen einiger Rezeptoren vor einer übermäßigen Dopaminflutung schützen. Der Konsument entwickelt auch andere neurologische Veränderungen, die ihn in seinem Trott halten.

Stell dir das so vor: Wenn du ein schönes Auto hättest und es rosten lassen würdest, ohne etwas dagegen zu tun, wäre das ziemlich dumm. Bald würde es zu einem unbeweglichen Rosthaufen werden, der dich nirgendwo mehr hinbringen kann. Das wäre aber nicht das Ende der Welt, denn es ist nur eine Frage des Geldes. Aber dein Körper ist das Fahrzeug, das dich durch das Leben trägt. Wir alle sagen, dass unsere

Gesundheit unser größtes Kapital ist, frag mal einen kranken Millionär. Die meisten von uns können auf eine Krankheit oder einen Unfall in ihrem Leben zurückblicken, bei dem sie gebetet haben, dass es ihnen besser geht. Wenn du Pornos konsumierst, lässt du nicht nur den Rost eindringen und tust nichts dagegen, sondern du zerstörst systematisch das Fahrzeug, mit dem du durch dein ganzes Leben fährst.

Mach dich schlau. Du musst das nicht tun, denk daran, dass es *absolut nichts für dich tut.* Wenn du mit Sicherheit wüsstest, dass deine nächste Sitzung einen Prozess in Gang setzt, der dich für jemanden, den du sehr liebst, völlig unempfänglich macht, würdest du dann weiter machen? Wenn du mit den Menschen sprichst, denen das passiert, haben sie sicher auch nicht damit gerechnet, dass es ihnen passieren würde, und das Schlimmste ist nicht die Krankheit selbst, sondern das Wissen, dass sie es sich selbst eingebrockt haben. Versuch dir vorzustellen, wie sich Menschen fühlen, die "den Knopf gedrückt" haben: Für sie ist die Gehirnwäsche beendet. Sie verbringen den Rest ihres Lebens damit, zu denken:

"Warum habe ich mir so lange vorgemacht, dass ich zu Internetpornos masturbieren muss? Wenn ich doch nur die Chance hätte, zurück zu gehen!"

Hör auf, dir etwas vorzumachen, du hast diese Chance. Es ist eine Kettenreaktion: Wenn du dich auf den nächsten Porno einlässt, wird er dich zum nächsten und zum nächsten führen. Es passiert bereits mit dir. EasyPeasy verspricht keine Schocktherapie. Wenn du also bereits beschlossen hast, aufzuhören, wird das Folgende für dich nicht schockierend sein. Wenn nicht, überspringe den Rest dieses Kapitels und komm wieder, wenn du den Rest des Buches gelesen hast.

Über den Schaden, den Internetpornos für unser Sexualleben und unser seelisches Wohlbefinden anrichten, sind bereits Bände über Bände an Forschungsergebnissen geschrieben worden. Das Problem ist, dass sie es nicht wissen wollen, bis sie sich entscheiden, aufzuhören. Foren und Mentorengruppen sind reine Zeitverschwendung, denn Pornos setzen die Scheuklappen auf.

Wenn sie es versehentlich lesen, öffnen sie als Erstes ihre Lieblingsseite. Pornokonsumenten neigen dazu, die Gefahren von Glück, Stress und Sex als ein Glücksspiel zu betrachten, als ob man auf eine Landmine tritt.

Bekomme es in deinen Kopf, es passiert bereits. *Jedes Mal*, wenn du deine Pornoseite öffnest, löst du eine Dopaminflut aus und die Opiate machen sich an die Arbeit. Die neuronalen Wasserrutschen sind geschmiert und die Fahrt führt dich sanft durch die nächsten Schritte, nachdem du bereits in die Falle getappt bist. Das Nervensystem wird nun von Dopamin überflutet und da es das x-te Mal ist, schließen sich die Dopaminrezeptoren und das kleine Monster nutzt diesen leichten Rückgang der Lust im Vergleich zum letzten Mal, um dich weiter über die rote Linie zu schockierenderen Pornos oder Verhaltensweisen zu treiben, um noch mehr Dopamin freizusetzen. Mehr Neuartigkeit, mehr Dopamin und das kleine Monster sagt dir, dass du weitermachen sollst. So viele Bilder und Videos in einer einzigen Sitzung lösen einen übernormalen Reiz aus, der mehr Chemikalien in dein Gehirn schüttet und dich zum Weitermachen antreibt.

Die ganze Zeit über erhalten deine Rezeptoren die Information, sich als Reaktion auf die Überflutung abzuschalten. Der Orgasmus verstärkt diesen Effekt nur und führt zum Entzug. Du leugnest es, denn das kleine Monster sehnt sich nach seinem Kick ohne wirkliche Schmerzen und Unannehmlichkeiten. Die Gefahr einer erektilen Dysfunktion macht vielen Angst, weshalb sie sie verdrängen und mit der Angst vor dem Aufhören überschatten. Es ist nicht so, dass die Angst größer wäre, aber heute aufzuhören ist sofort möglich. Warum auf die schwarze Seite schauen? Vielleicht passiert es ja gar nicht, weil man bis dahin sowieso aufgehört hat.

Wir neigen dazu, uns Pornos als ein Tauziehen vorzustellen, bei dem auf der einen Seite die Angst steht: *"Es ist ungesund, schmutzig und versklavend."* Auf der anderen Seite die positiven Aspekte: *"Es ist mein*

Vergnügen, mein Freund, meine Krücke." Es scheint uns nie in den Sinn zu kommen, dass diese Seite auch Angst ist; es geht nicht darum, dass wir Pornos genießen, sondern darum, dass wir ohne sie unglücklich sind. Ein Heroinsüchtiger, der kein Heroin bekommt, ist unglücklich, aber stell dir vor, wie groß die Freude ist, wenn er sich endlich eine Nadel in die Vene stechen darf und das schreckliche Verlangen aufhört. Versuch dir vorzustellen, wie jemand tatsächlich glauben kann, dass es ihm Freude bereitet, eine Injektionsspritze in eine Vene zu stechen. Nicht-Heroinabhängige leiden nicht unter diesem panischen Gefühl und Heroin lindert dieses Gefühl nicht, sondern verursacht es.

Nicht-Konsumenten fühlen sich nicht unglücklich, wenn sie keine Pornos konsumieren dürfen, sondern nur die Konsumenten.

Internetpornos lindern das Gefühl nicht, sie verursachen es. Die Angst vor den negativen Folgen hilft den Nutzern nicht, aufzuhören, denn das Gefühl ist wie ein Gang durch ein Minenfeld. Wenn du damit durchkommst, gut, aber wenn du Pech hast, bist du auf eine Mine getreten. Wenn du die Risiken kanntest und bereit warst, sie einzugehen, was hat das dann mit anderen zu tun? Süchtige in diesem Zustand entwickeln typischerweise die folgenden Ausweichtaktiken.

"Irgendwann wirst du sowieso alt und verlierst deine sexuellen Fähigkeiten..."

Natürlich wirst du das, aber um sexuelle Fähigkeiten geht es hier nicht, sondern um Sklaverei. Selbst wenn das der Fall ist, ist das ein logischer Grund, sich absichtlich zu limitieren?"

"Lebensqualität ist wichtiger als nur zu leben." Genau! Willst du damit sagen, dass die Lebensqualität eines Süchtigen höher ist als die eines Nicht-Süchtigen? Glaubst du wirklich, dass die Lebensqualität eines Süchtigen besser ist als die eines NichtSüchtigen? Ein Leben, in dem man den Kopf in den Sand steckt und unglücklich ist, klingt nicht gerade nach einem angenehmen Leben.

Selbst wenn das wahr wäre, ist das ein logischer Grund, um mit den Impulskontrollteilen deines Gehirns zu spielen? Kannst du dir vorstellen, dass jemand so dumm ist, sich nackt auszuziehen, wenn er allein zuhause ist, und sich ständig Gedanken macht, wann wohl wer wieder zurück kommt? **Das ist es, was Pornonutzer tatsächlich tun!**

Die fortschreitende Verstopfung unserer Belohnungsschaltkreise durch übermäßige Stimulation macht sie unfähig, mit den normalen Belastungen des Lebens umzugehen, und trägt nicht dazu bei, das Leben mit Begeisterung und Elan zu genießen. Porno und Selbstbefriedigung haben den natürlichen sexuellen Appetit ersetzt, so wie ein Schokoriegel das echte Essen ersetzt. Es überrascht nicht, dass viele Ärzte und Psychologen verschiedene psychische Probleme mit physiologischen Ursachen in Verbindung bringen. Die Mainstream-Medizin beteuert, dass es nie wissenschaftlich bewiesen wurde, dass Pornos die direkte Ursache für die Probleme sind, von denen selbst bekennende Menschen berichten. Aber das Eingeständnis der eigenen sexuellen Unfähigkeit in der Öffentlichkeit ist ein so schamauslösendes Ereignis. Warum sollte das jemand tun, wenn er nicht wirklich bestrebt ist, die Ursache zu finden und sie aus seinem eigenen Leben zu eliminieren?

EasyPeasy wird dir helfen, dich davon zu befreien und ein glücklicher Ex-Nutzer zu werden. Keine Pornos, pornounterstützte Masturbation oder unnötige Orgasmen. Das einzige Hilfsmittel werden die Berührung, der Geruch und der Duft deines Partners sein. Wie ein Vollkornbrot nach einem gut entwickelten Appetit, wirst du keine Lust mehr auf den fructosereichen Maissirup der Internetpornos haben. Die Beweise sind so erdrückend, dass sie nicht bewiesen werden müssen: Wenn ich mir mit einem Hammer auf den Daumen schlage, tut es weh; Kein Beweis ist nötig. Der Stress, den Internetpornos auslösen, wirkt sich auch auf andere Lebensbereiche aus. Viele greifen zu Drogen wie Zigaretten und Alkohol, um damit fertig zu werden, oder denken sogar über Selbstmord nach.

Die Nutzer geben sich auch der Illusion hin, dass die negativen Auswirkungen von Internetpornos und Pornos überbewertet werden.

Das Gegenteil ist der Fall: Es besteht kein Zweifel daran, dass Internetpornos die Hauptursache für PIED (auf Deutsch: Porno verursachte erektile Dysfunktion) und viele andere Probleme sind. Wie viele Scheidungen sind durch Pornos verursacht worden? Es gibt keine zuverlässigen Methoden, um das herauszufinden, aber Recherchen in Online-Communities legen nahe, dass die Zahl wächst.

Es gibt eine Folge von *"Friends"*, in der sich die Jungs, die ständig kostenlose Pornos im Fernsehen sehen, wundern, warum die Pizzalieferantin nicht fragt, ob sie ihr "großes Schlafzimmer" sehen darf. Wenn du süchtig bist, projizierst du deine Pornofantasien unweigerlich auf echte Frauen. Stell dir vor, was ein unvorsichtiger oder sogar versehentlicher Pornokonsum auf den dunklen Seiten des Internets bei jemandem anrichten kann, der sich bereits an einem Wendepunkt in seinem Leben befindet. Der Kampf gegen diese durch Pornos ausgelösten Gedanken wird eine große Belastung für die psychische Gesundheit sein.

Hier noch ein Gedankenexperiment: Angenommen, jemand kommt zu dir und sagt, er wolle nicht unbedingt einen Orgasmus, aber er wolle unbedingt Liebe machen, auch mit Penetration. Er möchte es so lange und so weit wie möglich ohne Orgasmus tun, aber wenn er dann doch kommt, ist es in Ordnung. Ich versichere dir eine phänomenale neue sexuelle Erfahrung, die weit besser ist als jede andere, wenn du dieses Angebot überhaupt bekommst. Probiere es aus.

Die Auswirkungen der Gehirnwäsche führen dazu, dass wir dazu neigen, wie der Mann zu denken, der, nachdem er von einem 100stöckigen Gebäude gefallen ist, sagt, während er am fünfzigsten Stockwerk vorbeirauscht: *So weit, so gut!* Wir denken, dass wir bisher damit durchgekommen sind und eine weitere Porno-Session daran nichts ändern wird. Sieh es mal anders: Die "Gewohnheit" ist eine lebenslange Kette, bei der jede Sitzung das Bedürfnis nach der nächsten weckt. Wenn du mit der Gewohnheit beginnst, zündest du eine Lunte. Das Problem ist nur, *dass du nicht weißt, wie lang die Lunte ist.* Jedes Mal, wenn du einer Pornosession nachgibst, bist du der Explosion der Bombe einen Schritt näher. **WIE WIRST DU WISSEN, OB ES DIE NÄCHSTE IST?**

8.1 Finstere schwarze Schatten

Für Nutzer ist es sehr schwer zu glauben, dass die Selbstbefriedigung zu Internetpornos tatsächlich diese unsicheren Gefühle auslöst, wenn du spät abends noch aus bist oder nach einem anstrengenden Tag bei der Arbeit. Nicht-Nutzer leiden nicht unter diesem Gefühl; Es sind die Pornos, die es verursachen.

Eine weitere große Freude, wenn man mit Pornos aufhört, ist die Befreiung von den finsteren schwarzen Schatten im Hinterkopf. Alle User wissen, dass sie dumm sind, wenn sie sich vor den negativen Auswirkungen der Pornografie verschließen. Die meiste Zeit unseres Lebens geschieht das automatisch, aber die schwarzen Schatten lauern immer in unserem Unterbewusstsein, direkt unter der Oberfläche. Einige der wunderbaren Vorteile des Aufhörens sind uns bewusst, wie zum Beispiel die Zeitverschwendung und die schiere Dummheit, mit einem zweidimensionalen Bild Liebe zu machen.

Die letzten Kapitel haben sich mit den beträchtlichen Vorteilen eines Nichtnutzers befasst, aber im Interesse der Fairness ist es notwendig, eine ausgewogene Darstellung zu geben. Deshalb werden auf der nächsten Seite die Vorteile eines Nutzers aufgelistet.

9 Vorteile eines PornoNutzers

10 Die Willenskraftmethode

In der Gesellschaft ist es eine anerkannte Tatsache, dass es sehr schwierig ist, mit Pornografie aufzuhören. In Büchern und Foren, in denen du Ratschläge zum Aufhören findest, wird dir in der Regel zuerst gesagt, wie schwierig es ist. Die Wahrheit ist, dass es lächerlich einfach ist. Es ist verständlich, dass du diese Aussage in Frage stellst, aber denke einfach mal drüber nach. Wenn es dein Ziel ist, eine Meile in vier Minuten zu laufen, ist das schwierig und du musst jahrelang hart trainieren und bist möglicherweise selbst dann körperlich nicht dazu in der Lage.

Alles, was du tun musst, um mit Pornografie aufzuhören, ist, sie nicht mehr anzusehen und/oder nicht mehr zu masturbieren. Niemand zwingt dich, zu masturbieren (außer du selbst), und im

Gegensatz zu Nahrung oder Wasser brauchst du sie nicht zum Überleben. Warum sollte es also so schwierig sein, damit aufzuhören? Eigentlich ist es das nicht. Es sind die Nutzer selbst, die es sich schwer machen, indem sie Willenskraft einsetzen oder eine Methode anwenden, die sie dazu zwingt, das Gefühl zu haben, dass sie eine Art Opfer bringen. Schauen wir uns diese Methoden an.

Wir beschließen nicht, Nutzer zu werden, wir experimentieren lediglich mit Pornoheften oder -webseiten, und weil sie schrecklich (ja, richtig, schrecklich) sind, außer unserem gewünschten Clip, sind wir überzeugt, dass wir jederzeit aufhören können. Am Anfang schauen wir uns die ersten Clips an, wenn wir darauf Lust haben und zu besonderen Anlässen. Bevor wir uns versehen, besuchen wir diese Seiten nicht nur regelmäßig und masturbieren, wenn wir wollen, sondern wir masturbieren täglich zu ihnen. Pornografie ist zu einem Teil unseres Lebens geworden und sorgt dafür, dass wir überall eine Internetverbindung brauchen, wo auch immer wir hingehen. Wir glauben dann, dass wir ein Recht auf Liebe, Sex, Orgasmen und die stressabbauende Wirkung von Pornografie haben. Es scheint uns nicht in den Sinn zu kommen, dass die gleichen Clips und Darsteller uns nicht den gleichen Grad an Erregung verschaffen und wir beginnen, gegen die rote Linie zu kämpfen, um "schlechte Pornos" zu vermeiden. Tatsächlich verbessern Selbstbefriedigung und Internetpornografie weder unser Sexualleben noch bauen sie Stress ab, sondern führen lediglich dazu, dass wir glauben, wir könnten ohne Orgasmus das Leben nicht genießen oder mit Stress umgehen.

Es dauert in der Regel lange, bis wir merken, dass wir süchtig sind, weil wir unter der Illusion leiden, dass Nutzer Pornografie anschauen, weil sie Spaß daran haben, und nicht, weil sie es müssen. Wenn wir Pornografie nicht genießen (was wir nie tun können, wenn nicht etwas Neues, schockierendes oder eskalierendes hinzukommt), haben wir die Illusion, dass wir aufhören können, wann immer wir wollen. Das ist eine Selbstvertrauensfalle: *"Ich genieße keine Pornos, also kann ich aufhören, wann immer ich will"*. Nur, dass wir scheinbar nie aufhören "wollen".

Meistens merken wir erst dann, dass wir ein Problem haben, wenn wir tatsächlich versuchen, aufzuhören. Die ersten Versuche werden meist in den ersten Tagen unternommen, wenn wir einen Partner kennenlernen und nach den ersten Dates merken, dass er nicht "genug" ist. Ein weiterer häufiger Grund ist das Bemerken von gesundheitlichen Folgen im täglichen Leben.

Unabhängig vom Grund wartet der Nutzer immer auf eine stressige Situation, egal ob Gesundheit oder Sex. Sobald er aufhört, wird das kleine Monster hungrig. Der Nutzer will dann etwas, um sein Dopamin zu pumpen, z. B. Zigaretten, Alkohol oder seinen

Favoriten, die Internetpornografie, die nur einen Klick entfernt ist. Der Porno-Speicher befindet sich nicht mehr im Keller, sondern virtuell und von überall aus zugänglich. Wenn ihr Partner in der Nähe ist oder sie mit Freunden zusammen sind, haben sie keinen Zugang mehr zu ihrem virtuellen Harem, was sie noch mehr in Bedrängnis bringt.

Wenn der Nutzer auf wissenschaftliches Material oder OnlineCommunities gestoßen ist, hat er ein Tauziehen in seinem Kopf - er widersteht Versuchungen und fühlt sich gleichzeitig beraubt. Die Art und Weise, wie man normalerweise Stress abbaut, ist nun nicht mehr verfügbar und man erleidet einen dreifachen Schlag. Das wahrscheinliche Ergebnis nach dieser Zeit der Tortur ist ein Kompromiss - *"Ich werde mich einschränken"* oder *"Ich habe mir die falsche Zeit ausgesucht"* oder vielleicht *"Ich werde warten, bis der Stress aus meinem Leben verschwunden ist."* Wenn der Stress jedoch erst einmal weg ist, gibt es keinen Grund mehr aufzuhören, und der Nutzer beschließt erst beim nächsten stressigen Ereignis wieder aufzuhören.

Natürlich gibt es nie einen richtigen Zeitpunkt, weil das Leben für die meisten Menschen immer stressiger wird. Man verlässt den Schutz der Eltern und betritt eine Welt, in der man ein Haus gründet, eine Hypothek aufnimmt, Kinder bekommt und einen Job mit mehr Verantwortung hat. Trotzdem kann das Leben des Nutzers nicht weniger stressig werden, denn Pornos verursachen Stress. Je schneller der Nutzer in die Eskalationsstufe übergeht, desto größer wird sein Stress und desto größer wird die Illusion, dass er abhängig ist.

Tatsächlich ist es eine Illusion, dass das Leben stressiger wird, und Pornografie oder ähnliche Krücken erzeugen diese Illusion. Darauf werden wir später noch genauer eingehen, aber nach diesen anfänglichen Misserfolgen verlässt sich der Nutzer in der Regel darauf, dass er eines Tages aufwacht und keine Lust mehr hat, zu masturbieren oder Pornografie zu benutzen. Diese Hoffnung wird in der Regel durch die Geschichten anderer ehemaliger Nutzerinnen und Nutzer genährt: *"Ich habe es nicht ernst genommen, bis ich eine schwindende Penetration hatte, dann wollte ich keine Pornos mehr benutzen und habe aufgehört zu masturbieren."*

Mach dir nichts vor, überprüfe diese Gerüchte und du wirst feststellen, dass sie nie so einfach sind, wie sie erscheinen. In der

Regel hat der Nutzer den Ausstieg bereits vorbereitet und den Vorfall lediglich als Sprungbrett genutzt. Bei Menschen, die "einfach so" aufhören, kommt es häufiger vor, dass sie einen Schock erlitten haben. Vielleicht hat ihr Partner sie entdeckt, sie haben sich selbst dabei ertappt, wie sie auf Pornos zugegriffen haben, die nicht ihrer normalen sexuellen Orientierung entsprechen, oder sie haben sexuelle Dysfunktion erlebt, was sie sehr verstört hat. *"So bin ich nun mal."* Hör auf, dir etwas vorzumachen. Es wird nichts geschehen solange du nichts beginnst.

Schauen wir uns genauer an, warum die Willenskraftmethode so schwierig ist. Die meiste Zeit unseres Lebens stecken wir den Kopf in den Sand und denken: textit"Morgen höre ich auf. Doch manchmal gibt es einen Auslöser für den Versuch, aufzuhören. Das können Sorgen um die Gesundheit, die Potenz oder eine Selbstanalyse sein, bei der wir feststellen, dass wir Pornografie eigentlich nicht wirklich genießen. Was auch immer der Grund ist, wir beginnen, die Vor- und

Nachteile von Pornografie abzuwägen. Sex wird unterteilt in Vergnügen (Berührung, Geruch, Stimme) und Fortpflanzung (Orgasmus). Das ist einer der wichtigsten Schlüssel, um unseren Geist zu öffnen, denn ohne diese wichtige Unterscheidung entsteht Verwirrung, die wiederum zum Scheitern führt. Bei rationaler Betrachtung finden wir heraus, was wir schon unser ganzes Leben lang wussten, nämlich die Schlussfolgerung: "HÖR AUF, ES ZU SCHAUEN!"

Wenn du dich hinsetzen und den Vorteilen des Aufhörens Punkte geben würdest und sie mit den Vorteilen von Pornografie vergleichtest, würde die Gesamtpunktzahl für das Aufhören bei weitem die der Vorteile übersteigen. Wenn du die Pascal'sche Wette anwendest, verlierst du fast nichts, wenn du aufhörst, und hast eine hohe Chance, zu gewinnen und eine noch höhere Chance, *nicht* zu verlieren. Obwohl der Nutzer weiß, dass er als Nichtnutzer besser dasteht, stört ihn der Glaube, ein Opfer zu bringen. Obwohl es eine Illusion ist, ist sie sehr stark. Sie wissen nicht warum, aber die Nutzer glauben, dass die Sitzungen in guten und schlechten Zeiten des Lebens zu helfen scheinen. Noch bevor sie ihren Versuch starten, kommt zu der gesellschaftlichen Gehirnwäsche, die durch die Gehirnwäsche ihrer eigenen Sucht verstärkt wird, die noch stärkere Gehirnwäsche hinzu, wie schwierig es ist, "aufzuhören".

Du hörst Geschichten von Leuten, die seit vielen Monaten aufgehört haben und immer noch verzweifelt Verlangen haben, und von verärgerten Aufhörern, die den Rest ihres Lebens damit verbringen, die Tatsache zu beklagen, dass sie gerne eine Sitzung hätten. Es gibt Geschichten von Menschen, die monatelang oder jahrelang aufgehört haben und ein glückliches Leben führen, nur um plötzlich wieder süchtig zu werden, als sie nur "einen Blick" auf einen Porno warfen. Wahrscheinlich kennen sie einige, die sich im fortgeschrittenen Stadium der Krankheit befinden, sich sichtlich selbst zerstören und das Leben nicht mehr genießen, aber trotzdem weitermachen. Außerdem haben sie wahrscheinlich selbst schon eine oder mehrere dieser Erfahrungen gemacht.

Anstatt also mit dem Gefühl anzufangen, *"Toll! Hast du die Neuigkeiten gehört? Ich muss mir keine Pornos mehr ansehen!"*, beginnen sie stattdessen mit einem Gefühl der Niedergeschlagenheit, als ob sie versuchen würden, den Everest zu besteigen, und das

Gefühl haben, dass sie für immer süchtig sind, wenn das kleine Monster erst einmal seine Haken in ihnen hat. Viele Nutzer beginnen den Versuch, indem sie sich bei ihren Freundinnen oder Ehefrauen entschuldigen: *"Hör zu, ich versuche, Pornos aufzugeben. Wahrscheinlich werde ich in den nächsten Wochen reizbar sein, bitte hab Geduld mit mir."* Die meisten Versuche sind zum Scheitern verurteilt, bevor sie beginnen.

Angenommen, der Nutzer überlebt ein paar Tage ohne eine Sitzung. Er fängt an, wieder normale Erregung zu verspüren und beginnt sich zu erholen. Er hat seine Lieblingsseiten nicht geöffnet und wird daher durch normale Reize erregt, bei denen er vorher abgeschaltet hat. Die Gründe, warum er sich entschieden hat, aufzuhören, verschwinden so schnell aus seinen Gedanken, wie ein schwerer Verkehrsunfall, den man beim Autofahren sieht. Das bremst ihn für eine Weile aus, aber wenn er das nächste Mal zu spät zu einem Termin kommt, tritt er wieder auf das Gaspedal.

Auf der anderen Seite des Krieges steht das kleine Monster, das immer noch nicht seinen Schuss bekommen hat. Es gibt keine körperlichen Schmerzen - wenn der Nutzer das gleiche Gefühl wegen einer Erkältung hätte, würde er nicht aufhören zu arbeiten oder depressiv werden, sondern es einfach weglachen. Alles, was er weiß, ist, dass er seinen Harem besuchen will. Das kleine Monster weiß das auch und setzt das große Monster der Gehirnwäsche in Gang. Das bewirkt, dass dieselbe Person, die ein paar Stunden oder Tage zuvor noch alle Gründe zum Aufhören aufgelistet hat, jetzt verzweifelt nach einer Ausrede sucht, um wieder anzufangen. Sie beginnt Dinge zu sagen wie:

- *"Das Leben ist zu kurz; eine Bombe könnte hochgehen, ich könnte morgen von einem Bus überfahren werden. Ich habe zu spät aufgehört. Heutzutage sagt man, dass alles süchtig macht."*
- *"Ich habe den falschen Zeitpunkt gewählt."*
- *"Ich hätte bis nach Weihnachten warten sollen, nach meinen Ferien/Prüfungen, nach diesem stressigen Ereignis in meinem Leben."*
- *"Ich kann mich nicht konzentrieren, ich werde reizbar und schlecht gelaunt, ich kann nicht einmal meine Arbeit richtig machen."*
- *"Meine Familie und Freunde werden mich nicht lieben. Seien wir ehrlich, allen zuliebe muss ich wieder anfangen. Ich bin ein eingefleischter Sexsüchtiger, und ohne Orgasmus werde ich nie wieder glücklich sein."*
- *"Niemand kann ohne Sex überleben."* (Gehirnwäsche durch wohlmeinende Menschen, die den Unterschied zwischen dem

amativen und dem propagativen Teil von Sex nicht in Betracht ziehen).

- *"Ich wusste, dass das passieren würde. Mein Gehirn ist durch*

DeltaFosB 'sensibilisiert', weil ich in der Vergangenheit exzessiv Pornos konsumiert habe und die Dopaminschübe sich dadurch verändert haben. Die Sensibilisierung kann 'niemals' aus dem Gehirn entfernt werden".

In diesem Stadium gibt der Nutzer normalerweise nach. Er schaltet den Browser ein und die Schizophrenie nimmt zu. Auf der einen Seite ist da die riesige Erleichterung, weil das kleine Monster endlich seinen Schuss bekommt; auf der anderen Seite ist der Orgasmus schrecklich und der Nutzer kann nicht verstehen, warum er das tut. Deshalb denkt er, dass es ihm an Willenskraft fehlt. In Wirklichkeit fehlt es ihm nicht an Willenskraft, sondern er hat nur seine Meinung geändert und angesichts der neuesten Informationen eine völlig rationale Entscheidung getroffen.

"Was bringt es, gesund oder reich zu sein, wenn man unglücklich ist?

Absolut nichts! Es ist viel besser, ein kürzeres, angenehmes Leben zu haben als ein langes, unangenehmes. Zum Glück ist das für den Nichtnutzer nicht wahr, denn sein Leben ist unendlich viel angenehmer. Das Elend, unter dem der Nutzer leidet, ist nicht auf die Entzugserscheinungen zurückzuführen, auch wenn es anfangs von ihnen ausgelöst werden, sondern die eigentliche Qual ist das Tauziehen im Kopf, das durch Zweifel und Unsicherheit verursacht wird. Da der Nutzer anfängt zu glauben, dass er ein Opfer bringt, fühlt er sich beraubt, was eine Form von Stress ist.

Einer dieser stressigen Momente ist, wenn das Gehirn ihm sagt, dass er "einen Blick riskieren" soll, und sobald er aufhört, will er wieder zurück. Aber weil er aufgehört hat, kann er das nicht, was ihn noch depressiver macht und den Auslöser erneut in Gang setzt. Ein weiterer Faktor, der das Aufhören so schwierig macht, ist das Warten darauf, das etwas passiert. Wenn dein Ziel darin besteht, eine Fahrprüfung zu bestehen, ist es sicher, dass du dein Ziel erreicht hast, sobald du die Prüfung bestanden hast. Bei der

Willenskraftmethode lautet der innere Gedankengang: *"Wenn ich lange genug ohne Internetpornografie auskomme, wird der Drang, sie anzusehen, irgendwann nachlassen."* Du kannst das in der Praxis in Online-Foren sehen, wo Süchtige über ihre Phasen oder Tage der Abstinenz sprechen.

Wie gesagt, die Qualen, die der Nutzer erleidet, sind psychischer Natur und werden durch Unsicherheit verursacht. Obwohl es keine körperlichen Schmerzen gibt, haben sie dennoch starke

Auswirkungen. Der Nutzer ist nun unglücklich und unsicher und ist weit davon entfernt, zu vergessen, voller Zweifel und Ängste.

- *"Wie lange wird das Verlangen anhalten?"*
- *"Werde ich jemals wieder glücklich sein?"*
- *"Werde ich jemals wieder morgens aufstehen wollen?"*
- *"Wie werde ich in Zukunft mit Stress fertig?"*

Der Nutzer wartet darauf, dass die Dinge besser werden, aber während er noch Trübsal bläst, wird der "Harem" immer wertvoller. In der Tat passiert *etwas*, aber unterbewusst, und wenn er Wochen überleben können, ohne den Browser zu öffnen, verschwindet das Verlangen nach dem kleinen Monster. Wie bereits erwähnt, sind die

Entzugserscheinungen von Dopamin und Opiaten jedoch so mild, dass der Nutzer sie gar nicht wahrnimmt. Zu diesem Zeitpunkt haben viele Nutzer das Gefühl, dass sie es "geschafft" haben und riskieren einen Blick, um sich das zu beweisen. Nachdem der Körper dann mit Dopamin versorgt wurde, meldet sich im Hinterkopf eine kleine Stimme, die sagt: *"Du willst noch einen."* Eigentlich hatten sie es schon aufgegeben, aber sie haben sich selbst wieder abhängig gemacht.

Als Kind hast du Zeichentrickfilme geschaut und laut

Neurowissenschaft DeltaFosB für sie gebildet. Wenn du ein Kind davon abhalten wolltest, sie zu schauen, würdest du untersuchen, ob diese Bahnen noch existieren und Erwachsene befragen, warum sie ihre Lieblingscartoons aus der Kindheit nicht mehr sehen wollen. Erstens gibt es bessere Unterhaltungsangebote und zweitens haben Zeichentrickfilme einfach nicht mehr den gleichen Zauber. Mit der Willenskraft-Methode verweigerst du dem Kind nur den Zeichentrickfilm, aber mit EasyPeasy sorgst du auch dafür, dass es keinen Wert darin sieht. Was ist besser?

Der Nutzer wird in der Regel nicht sofort in eine neue Sitzung einsteigen, weil er denkt: *"Ich will nicht wieder süchtig werden!"*, und lässt eine sichere Zeitspanne von Stunden, Tagen oder sogar Wochen vergehen. Der Ex-Nutzer kann dann sagen: *"Nun, ich bin nicht süchtig geworden, also kann ich sicher eine weitere Sitzung haben."* Sie sind wieder in die gleiche Falle getappt wie zu Beginn und befinden sich bereits auf rutschigen Boden.

Nutzer, die mit der Willenskraft-Methode Erfolg haben, finden es meist lang und anstrengend, denn das Hauptproblem ist die Gehirnwäsche. Lange nachdem die körperliche Sucht erloschen ist, bläst der Nutzer immer noch Trübsal. Irgendwann, wenn sie diese Langzeitfolter überlebt haben, dämmert ihnen, dass sie nicht nachgeben werden, und sie hören auf, Trübsal zu blasen, und akzeptieren, dass das Leben auch ohne Pornografie schön ist und weitergeht. Es gibt deutlich mehr Misserfolge als Erfolge, denn einige, die erfolgreich sind, gehen in einem verletzlichen Zustand durch ihr Leben, in dem sie noch eine gewisse Gehirnwäsche haben, die ihnen sagt, dass Pornografie ihnen tatsächlich einen Kick gibt. Das erklärt, warum viele Nutzer, die für lange Zeit aufgehört haben, später wieder anfangen.

Viele Ex-Nutzer schauen sich gelegentlich Pornografie an, um sich etwas 'Besonderes zu gönnen' oder um sich davon zu überzeugen, wie stark ihre Selbstkontrolle ist. Und genau das errichen sie auch aber sobald der Konsum beendet ist, wird das Dopamin abgebaut und eine kleine Stimme in ihrem Hinterkopf treibt sie zu weiterem Konsum an. Wenn sie sich entscheiden, mitzumachen, scheint es immer noch unter Kontrolle zu sein, keine Schocks, keine Eskalation und keine Suche nach etwas Neuem, so dass sie sagen: *"Wunderbar! Ich genieße es zwar nicht wirklich, aber ich werde auch nicht süchtig. Nach Weihnachten / diesem Urlaub / diesem Trauma höre ich auf."* Sie ahnen nicht, dass die Wasserrutschen ihres Gehirns noch mehr eingefettet wurden.

Zu spät, sie sind bereits gefangen! Die Falle, aus der sie sich herausgewunden haben, hat ihr Opfer wieder eingeholt.

Wie gesagt, der Spaß spielt dabei keine Rolle. Das hat es nie! Wenn wir wegen des Vergnügens zuschauen würden, würde niemand länger auf den Videoseiten bleiben, als es dauert, die 'Tat zu beenden'. Ein besserer Weg zur Selbstbefriedigung sind die Erinnerungen. Wir gehen davon aus, dass wir Internetpornografie nur deshalb genießen, weil wir nicht glauben können, dass wir so dumm sein könnten, süchtig geworden zu sein, wenn wir es nicht genießen würden. Die meisten Nutzerinnen und Nutzer haben keine Ahnung von übernormalen Reizen, Neuheit- oder Schocksuche und glauben auch nach dem Lesen über dieses Thema nicht, dass ihre Nutzung durch die Verdrahtung des Belohnungskreislaufs motiviert ist. Wenn sie sich der neurologischen Veränderungen bewusst wären und sich dafür rechtfertigen müssten, dass es sie in Zukunft Geld kostet, würde sogar die Illusion des Vergnügens verschwinden.

Wenn wir versuchen, unseren Verstand vor der schlechten Seite des Themas zu verschließen, kommen wir uns dumm vor. Wenn wir uns ihnen stellen müssten, wäre das unerträglich! Wenn du einen Nutzer in Aktion beobachtest, wirst du sehen, dass er nur dann glücklich ist, wenn er nicht weiß, dass er 'nutzt'. Sobald er sich dessen bewusst ist, fühlt er sich oft unwohl und entschuldigt sich. Pornos füttern das kleine Monster und wenn du sie zusammen mit der Gehirnwäsche (dem großen Monster) aus deinem Körper verbannt hast, wirst du weder das Bedürfnis noch das Verlangen haben, sie anzusehen.

11 Vorsicht vor dem Reduzieren

Viele Nutzer versuchen, ihre Pornosucht zu reduzieren, um damit aufzuhören oder um das kleine Monster zu kontrollieren. Viele empfehlen einen Entzug oder eine "Porno-Diät" um sich weiterzuhelfen. Weniger zu konsumieren als Sprungbrett zum Aufhören zu nutzen ist fatal. Es sind diese Reduzierungsversuche, die uns für den Rest unseres Lebens gefangen halten. In der Regel folgt das Reduzieren auf gescheiterte Versuche, aufzuhören. Nach ein paar Stunden oder Tagen der Abstinenz sagt sich der Nutzer etwas wie:

"Ich kann den Gedanken nicht ertragen, schlafen zu gehen, ohne meinen Online-Harem zu besuchen, also werde ich von nun an nur noch alle vier Tage einen Porno ansehen oder meine Sammlung von 'schlechten Pornos' löschen. Wenn ich diese Porno-Diät durchhalte, kann ich sie entweder beibehalten oder noch weiter einschränken." Nun geschehen einige schreckliche Dinge:

1. Er sitzt in der schlimmsten aller Welten fest, immer noch süchtig nach Internetpornografie und das Monster nicht nur in seinem Körper, sondern auch in seinem Geist am Leben haltend.
2. Er wünscht sich sein Leben weg, auf die nächste Sitzung wartend.
3. Bevor er aufhörte, hat er jedes Mal, wenn er seinen Harem besuchen wollte, seinen Browser gestartet, um seine Entzugserscheinungen zumindest teilweise zu lindern. Jetzt muss er zusätzlich zum normalen Stress des Lebens die meiste Zeit seines Lebens unter den Entzugserscheinungen leiden, was ihn noch unglücklicher und schlecht gelaunter macht.

4. Während er nachgab, genoss er die meisten Sitzungen nicht und merkte auch nicht, dass er sich unnormale Reizen aussetzte. Der einzige Haremsbesuch, der genossen wurde, war der nach einer Phase der Abstinenz. Jetzt, wo er eine Stunde länger auf jeden Haremsbesuch wartet, "genießt" er jede einzelne. Je länger er wartet, desto angenehmer scheint jede Sitzung zu werden - denn das "Vergnügen" an einer Sitzung ist nicht die Sitzung selbst, sondern das Ende der Aufregung, die durch das Verlangen verursacht wird, sei es ein leichtes körperliches Verlangen oder geistiges Trübsalblasen. Je länger das Leiden andauert, desto "erfreulicher" wird jede Sitzung.

Die Hauptschwierigkeit beim Aufhören liegt nicht in der neurologischen Abhängigkeit; die ist einfach abzulegen. Der Tod eines geliebten Menschen, familiäre oder berufliche Angelegenheiten usw. können dazu führen, dass man ohne Probleme aufhört. Man kann z. B. zehn Tage ohne Zugang zu Pornografie auskommen und es macht einem nichts aus. Hätte man aber dieselben zehn Tage gebraucht, in denen man Zugang hätte haben können, würden man sich die Haare raufen.

Viele Nutzer werden während ihres Arbeitstages die Gelegenheit haben, sich zu enthalten, sie werden an Victoria's Secret, Schwimmbädern und so weiter vorbeigehen, ohne dass es sie übermäßig stört. Viele werden sich enthalten, wenn sie vorübergehend auf der Couch schlafen müssen, um Platz für einen Besucher zu schaffen oder selbst zu Besuch sind. Auch gab es selbst in Go-Go-Bars oder an FKK-Stränden keine Tumulte deswegen. Die Nutzer sind fast schon froh, wenn ihnen jemand sagt, dass sie keine Pornografie ansehen dürfen. Nutzer, die aufhören wollen, empfinden sogar ein heimliches Vergnügen daran, lange Zeit ohne Haremsbesuche auszukommen, was ihnen die Hoffnung gibt, dass sie es vielleicht eines Tages gar nicht mehr wollen werden.

Das eigentliche Problem beim Aufhören ist die Gehirnwäsche, die Illusion des Anspruchs, dass Internetpornografie eine Art Requisite oder Belohnung ist und das Leben ohne sie nie mehr dasselbe sein wird. Weit entfernt davon, dich von Internetpornografie loszulösen, ist alles, was das Reduzieren bewirkt, dass du dich unsicher und unglücklich fühlst und dich davon überzeugst, dass das Wertvollste auf der Welt der neue Clip ist, den du verpasst hast, und dass du ohne ihn nie wieder glücklich sein kannst.

Es gibt nichts Erbärmlicheres als den Nutzer, der versucht, den Konsum zu reduzieren. Er leidet unter dem Wahn, dass, je weniger Pornografie er sieht, desto weniger er Online-Harems besuchen wollen wird. Das Gegenteil ist der Fall: Je weniger er Pornografie schaut, desto länger leidet er unter Entzugserscheinungen und desto mehr genießt er die Erleichterung, diese zu lindern. Allerdings wird er merken, dass sein Lieblingsgenre nicht mehr so gut befriedigt. Aber das wird ihn nicht davon abhalten, denn wenn die InternetSeiten nur einem Star oder einem Genre gewidmet wären, würde kein Nutzer mehr als einmal hingehen.

Schwierig zu glauben? Was ist der schlimmste Moment der Selbstbeherrschung, den man erlebt? Vier Tage lang zu warten und dann einen Höhepunkt zu haben. Was ist der wertvollste Moment für die meisten User nach einer viertägigen Porno-Diät? Richtig, der gleiche Höhepunkt nach vier Tagen Wartezeit! Glaubst du wirklich, dass du masturbierst, um den Orgasmus zu genießen, oder die rationalere Erklärung - um Entzugserscheinungen in der Illusion zu lindern, dass du dazu berechtigt bist?

Die Beseitigung der Gehirnwäsche ist wichtig, um die Illusionen über Pornografie zu beseitigen, bevor du die letzte Sitzung beendest. Bis du die Illusion, dass du es genießt, nicht beseitigt hast, bevor du das Fenster dann schließt, kannst du es hinterher nicht mehr beweisen, ohne wieder abhängig zu werden. Wenn du über Lesezeichen und gespeicherte Bilder stolperst, fragst du dich, wo die Ehre in dieser Handlung liegt. Vielleicht glaubst du, dass nur bestimmte Clips geschmackvoll sind, z. B. solche zu Gewohnheits- oder Lieblingsthemen. Wenn das so ist, warum machst du dir dann die Mühe, andere Videos oder Themen anzusehen? Weil du es dir zur Gewohnheit gemacht hast? Warum sollte jemand aus Gewohnheit sein Gehirn durcheinander bringen und sich verausgaben? Nichts ist nach einem Monat anders, warum sollte es bei einem Pornoclip anders sein?

Du kannst das selbst testen: Finde den heißen Clip vom letzten Monat, um zu beweisen, dass er anders ist. Dann stellst du eine Erinnerung ein und schaust dir denselben Clip nach einem Monat ohne Pornografienutzung an. Er wird (fast) das gleiche befriedigen wie im letzten Monat. Der gleiche Clip wird nach einem gesellschaftlichen Ereignis, bei dem du von einem potenziellen Partner abgewiesen oder getestet wurdest, anders sein. Der Grund dafür ist, dass der Süchtige nie ganz glücklich sein kann, wenn das kleine Monster unbefriedigt bleibt.

Wo kommt die Befriedigung ins Spiel? Es ist einfach nur so, dass du unglücklich bist, wenn du deine Entzugserscheinungen nicht lindern kannst. Der Unterschied zwischen Pornografie schauen und nicht schauen ist der Unterschied zwischen glücklich sein und unglücklich sein. Deshalb scheinen Internetpornos besser zu sein. Diejenigen, die sich morgens als Erstes auf ihre Website begeben, um Pornos zu schauen, sind unglücklich, egal ob sie sie sich anschauen oder nicht.

Reduzieren funktioniert nicht nur nicht, sondern ist die schlimmste Form der Folter. Es funktioniert nicht, weil der Nutzer anfangs hofft, dass er sein Verlangen, Pornografie zu schauen, verringern kann, wenn er sich immer weniger daran gewöhnt. Es ist keine Gewohnheit, es ist eine Sucht. Die Natur jeder Sucht ist es, immer mehr zu wollen, nicht immer weniger. Um damit aufzuhören, muss der Nutzer für den Rest seines Lebens Willenskraft und Disziplin aufbringen. Reduzieren bedeutet also Willenskraft und Disziplin - für immer. Aufhören ist viel einfacher und weniger schmerzhaft. Es gibt buchstäblich Zehntausende von Fällen, in denen das Reduzieren fehlgeschlagen ist.

Das Problem beim Aufhören ist nicht die Dopaminabhängigkeit, die leicht zu bewältigen ist. Es ist der Irrglaube, dass Pornografie Freude bereitet, der durch die Gehirnwäsche, die wir vor dem Konsum erhalten haben, hervorgerufen und durch die eigentliche Sucht noch verstärkt wird. Alles, was der Entzug bewirkt, ist, den Irrglauben weiter zu verstärken, so dass die Pornografie dein Leben vollständig beherrscht und sich davon überzeugt, dass deine Sucht das Wertvollste auf der Welt ist.

Die wenigen Fälle, die erfolgreich waren, wurden durch eine relativ kurze Zeit des Reduzieren erreicht, gefolgt von einem "kalten Entzug". Diese Nutzer hörten TROTZ des Entzugs auf, nicht WEGEN des Entzugs. Das einzige, was es bewirkt hat, war, die Qualen zu verlängern. Die gescheiterten Versuche haben die Konsumenten als nervliche Wracks zurückgelassen und sie noch mehr davon überzeugt, dass sie für immer süchtig sind. Das reicht in der Regel aus, um sie dazu zu bringen, wieder in ihren Online-Harem zurückzukehren, um sich dort zu vergnügen, bevor sie den nächsten Versuch starten.

Reduzieren hilft jedoch dabei, die Sinnlosigkeit von Pornos zu verdeutlichen und macht klar, dass Besuche im Harem nur nach Zeiten der Abstinenz Spaß machen. Du musst deinen Kopf gegen eine Mauer schlagen (Entzugserscheinungen erleiden), um es dir beim Aufhören schön zu machen. Du hast also die Wahl:

1. Lebenslang reduzieren und selbst auferlegte Folter zu erleiden, die du sowieso nicht durchhalten kannst.
2. Sich ein Leben lang immer mehr quälen, was sinnlos ist.
3. Sei nett zu dir selbst und lass es ganz sein.

Der andere Aspekt, den das Reduzieren zeigt, ist, dass es so etwas wie einen gelegentlichen Haremsbesuch nicht gibt.

Internetpornografie ist eine Kettenreaktion, die den Rest deines Lebens andauern wird, wenn du dich nicht bewusst darum bemühst, sie zu unterbrechen.

Denke daran: Reduzieren wird dich nach unten ziehen.

12 Nur ein Blick

"Nur ein Blick" ist ein Mythos, den du aus deinem Kopf streichen musst:

1. Es ist nur ein Blick, der uns dazu bringt, überhaupt erst anzufangen.
2. Es ist nur ein Blick, der uns über eine schwierige Phase hinweghilft oder zu einem besonderen Anlass, der die meisten unserer Versuche, aufzuhören, unichte macht.
3. Es ist nur ein Blick, der uns, nachdem wir es geschafft haben, die Sucht zu überwinden, zurück in die Falle schickt. Manchmal ist es nur die Bestätigung, dass man sie nicht mehr brauchen, und ein einziger Haremsbesuch tut genau das.

Die Nachwirkungen von Pornografie sind schrecklich und überzeugen den Nutzer davon, dass er nie wieder süchtig werden wird - aber er ist es bereits. Der Nutzer hat das Gefühl, dass etwas, das ihn so unglücklich und schuldig macht, ihn nicht dazu bringen sollte, es zu tun, und doch hat er es.

Es ist der Gedanke an die "EINE besondere Sitzung", der die Nutzer oft davon abhält, aufzuhören - die Sitzung nach einer langen Konferenzreise, einem harten Arbeitstag, einem Streit mit den Kindern oder einem Vorfall, bei dem dein Partner dich beim Sex zurückgewiesen hat. Sei dir bewusst, dass es so etwas wie "nur einen

Blick" nicht gibt. Es ist eine Kettenreaktion, die den Rest deines Lebens andauern wird, wenn sie nicht unterbrochen wird. Der Mythos vom gelegentlichen, besonderen Anlass sorgt dafür, dass die Nutzer nach dem Aufhören Trübsal blasen. Mach dir zur Gewohnheit, dass du nie die "keine große Sache"-Sitzung vor dir siehst, denn das ist Fantasie. Wann immer du an Pornografie denkst, stell dir ein schmutziges Leben vor, in dem du Äonen von Zeit hinter einem

Bildschirm verbringst, um dich geistig und körperlich zu zerstören, ein Leben in Sklaverei und Hoffnungslosigkeit. Es ist kein Verbrechen, wenn deine Erektionen unzuverlässig sind, aber es ist ein Verbrechen, wenn du langfristig glücklicher sein könntest, dich aber stattdessen dafür entscheidest, dies für kurzfristiges "Vergnügen" zu opfern.

Es ist okay, dass wir uns nicht immer etwas einfallen lassen können, um die Leere zu füllen, denn das ist nicht in jedem einzelnen Fall in unserem Leben möglich. Wir können die meisten Dinge planen, aber manchmal passiert es einfach. Gute und schlechte Zeiten gibt es auch unabhängig von Pornografie. Aber mach dir bewusst, dass es nicht an der Pornografie liegt. Du hast entweder lebenslanges Elend vor dir oder gar keins. Du würdest nicht im Traum daran denken, Zyanid zu nehmen, nur weil du den Geschmack von Mandeln magst, also hör auf, dich mit gelegentlichen 'Keine große Sache'-Sitzungen zu strafen. Frag einen Nutzer mit Problemen, *"Wenn du die Möglichkeit hättest, in die Zeit zurückzugehen, bevor du süchtig wurdest, wärst du dann ein Nutzer geworden?"* Die Antwort lautet unweigerlich: *"Du machst wohl Witze!"* Doch jeder Nutzer hat jeden Tag seines Lebens diese Wahl, warum entscheidet er sich also nicht dafür? Die Antwort ist Angst. Die Angst, dass er nicht aufhören kann oder dass sein Leben ohne sie nicht mehr dasselbe sein wird.

Hör auf, dir etwas vorzumachen! Du kannst es, jeder kann es. Es ist lächerlich einfach, aber damit es das ist, gibt es bestimmte Grundlagen, die du dir klar machen musst.

1. Es gibt nichts aufzugeben, sondern nur wunderbare positive Gewinne zu erzielen.

2. Glaube niemals, dass es "Keine große Sache"- oder "Nur ein kurzer Blick"-Sitzungen gibt. Die gibt es nicht! Es gibt nur ein Leben voller Schmutz und Sklaverei.

3. An dir ist nichts anders, jeder Nutzer kann leicht damit aufhören.

Viele Nutzer glauben, dass sie eingefleischte Süchtige sind oder zu Sucht tendierende Persönlichkeiten haben. Das passiert meist, weil sie zu viel schockierende Gehirnforschung lesen. So etwas gibt es nicht - niemand wird mit dem Bedürfnis geboren, zu Videoclips zu masturbieren. Es ist die Droge, die dich süchtig macht, nicht die Art deines Charakters oder deiner Persönlichkeit. Die Art der süchtig machenden unnatürlichen Reize lässt dich glauben, dass dies jedoch der Fall ist. Es ist sehr wichtig, diesen Glauben zu zerstören, denn wenn du glaubst, dass du süchtig bist, wirst du es auch bleiben, selbst wenn das kleine Monster in deinem Körper längst tot ist. Es ist wichtig, dass du diese Gehirnwäsche ablegst.

13 Gelegenheitsnutzer

Starknutzer tendieren dazu Gelegenheitsnutzer zu beneiden. Wir alle sind solchen Typen schonmal begegnet: "Oh, ich kann die ganze Woche lang ohne Sitzung klarkommen, das stört mich nicht wirklich." Wir wünschten, wir wären so wie sie. Es ist zwar schwer zu glauben, aber kein Nutzer geniesst es, Nutzer zu sein. Vergiss niemals:

Kein Nutzer entscheidet sich, einer zu sein, ob gelegentlich oder oft nutzend, deswegen kommen alle Nutzer sich dumm vor, deswegen müssen alle Nutzer sich selbst belügen in dem sinnlosen Versuch ihre Dummheit zu rechtfertigen. Golffanatiker geben damit an wie OFT sie spielen und wie oft sie spielen wollen, aber warum geben Nutzer damit an wie WENIG sie masturbieren?

Wenn dir jemand sagt: "Ich komme die ganze Woche ohne Möhren aus und das macht mir nicht das geringste aus", würdest du doch denken der hat einen an der Schüssel. Wenn ich Möhren mögen würde, warum sollte ich eine ganze Woche auf sie verzichten? Und wenn ich sie nicht mögen würde, warum mpsste ich das dann so betonen? Wenn ein Nutzer also einen Kommentar darüber macht, dass er eine ganze Woche ohne Sitzung ausgekommen ist, versucht er sich selbst - und dich - davon zu überzeugen dass er kein Problem hat. Übersetzt bedeutet dieser Kommentar "Ich habe es geschafft eine Woche ohne Pornografie zu überleben". Wie jeder Nutzer hoffend darauf dass er den Rest seines Lebens so überleben kann. Wenn er nur eine einzige Woche ohne sie überleben kann, stell dir mal vor, wie erlösend die erste Sitzung danach wohl war, nachdem er eine ganze Woche ohne klarkommen musste.

Das ist der Grund warum Gelegenheitsnutzer im Endeffekt stärker abhängig sind als Starknutzer. Nicht nur ist die Illusion des Vergnügens größer, sondern sie haben noch weniger Ansporn aufzuhören, weil sie damit weniger Zeit verbringen und deswegen weniger anfällig für die gesundheitlichen Risiken sind. Von Zeit zu

Zeit mögen sie sexuelle Dysfunktion erleiden, sind sich aber nicht sicher warum das so ist und schieben es auf andere Gründe. Das Vergnügen ist eine Illusion - stell dir das kleine Monster einfach also nahezu nicht wahrnehmbaren Juckreiz vor, dem sie sich die meiste Zeit nicht bewusst sind.

Wenn du einen ständigen Juckreiz hast, neigst du natürlich dazu, ihn zu kratzen. Da die Belohnungsschaltkreise des Gehirns zunehmend immun gegen Dopamin und Opiate werden, besteht die natürliche Tendenz, zu edgen, zu eskalieren, zu bingen (ein Film nach dem anderen gucken), nach Neuem zu suchen, nach Schockierendem zu suchen usw. Es gibt vier Hauptfaktoren, die verhindern, dass die Nutzer bingen.

Zeit.

Die meisten können sich das nicht leisten.

Gesundheit

Um den Reiz zu lindern, müssen wir alles kostenlose Material konsumieren, das zur Verfügung steht, und noch einiges mehr. Die Fähigkeit, mit dieser Art von Binging umzugehen, variiert bei jedem Menschen zu verschiedenen Zeiten und in verschiedenen Situationen seines Lebens. Das wirkt wie eine automatische Limitierung.

Disziplin

Disziplin ist auferlegt von der Gesellschaft, der Arbeit, den Freunden und Verwandten oder vielleicht sogar vom Nutzer selbst als Ergebnis des natürlichen Tauziehens, das im Kopf jedes Nutzers stattfindet.

Vorstellungskraft

Mangelnde Vorstellungskraft reduziert den Schock, die Neuheit und andere Werte des Clips auf einer subjektiven Basis.

Es ist leicht, "Starknutzer" für schwach zu halten, die nicht verstehen können, warum andere ihren "Konsum" einschränken können. Starknutzer sollten jedoch bedenken, dass die meisten

Gelegenheitsnutzer einfach nicht in der Lage sind, viel und stetig

Pornografie zu schauen, da sie dafür eine sehr starke

Vorstellungskraft und große Ausdauer brauchen. Einige der Einmaldie-Woche-Konsumenten, die von Starknutzern beneidet werden, sind körperlich nicht in der Lage, mehr zu tun, oder ihr Job, die Gesellschaft oder ihr Hass auf mögliche Abhängigkeit lassen es nicht zu, mehr zu tun.

Es kann von Vorteil sein, ein paar Definitionen zu geben.

Der Nicht-Nutzer

Jemand, der nie in die Falle getappt ist, aber nicht selbstgefällig sein sollte. Er ist nur durch Glück oder die Gnade des Guten ein NichtNutzer. Alle Nutzer waren davon überzeugt, dass sie nie süchtig werden würden, und einige Nicht-Nutzer versuchen es immer wieder mit einer gelegentlichen Sitzung.

Der Gelegenheitsnutzer

Es gibt zwei grundlegende Klassifizierungen von Gelegenheitsnutzern.

1. Der Nutzer, der in die Falle getappt ist, es aber nicht bemerkt beneide solche Nutzer nicht. Sie probieren nur den Nektar an der Mündung der Kannenpflanze und werden höchstwahrscheinlich bald zu Starknutzern. Denke daran: Do wie alle Alkoholiker als Gelegenheitstrinker angefangen haben, fangen auch alle Starknutzer als Gelegenheitsnutzer an.
2. Der Nutzer, der früher ein Starknutzer war und deshalb denkt, dass er nicht komplett aufhören kann. Diese Nutzer sind die traurigsten von allen und gehören in verschiedene Kategorien, von denen jede einen eigenen Kommentar benötigt.

Der Einmal-pro-Tag Nutzer

Wenn der Anspruch auf einen Orgasmus genossen wird, warum sollte man dann Internetpornografie nur einmal täglich nutzen? Wenn man es auch lassen kann, warum sollte man sich dann überhaupt die Mühe machen? Vergiss nicht, dass die "Gewohnheit" in Wirklichkeit darin besteht, den Kopf gegen die Wand zu schlagen, damit es sich beim Aufhören entspannend anfühlt. Wer einmal am Tag nutzt, lindert seine Entzugserscheinungen für weniger als eine

Stunde pro Tag. Auch wenn man es nicht merkt, verbringt man den Rest des Tages damit, seinen Kopf gegen die Wand zu schlagen, und das tut man für den Großteil seines Lebens. Man konsumiert einmal am Tag, weil man nicht riskieren kann, erwischt zu werden oder seine neurologische Gesundheit zu gefährden. Es ist leicht, einen Starknutzer davon zu überzeugen, dass es ihm keinen Spaß macht, aber wesentlich schwieriger, einen Gelegenheitskonsumenten zu überzeugen. Jeder, der schon einmal versucht hat, seinen Konsum zu reduzieren, weiß, dass dies die schlimmste aller Folterungen ist und fast garantiert, dass man für den Rest seines Lebens abhängig bleibt.

Der zurückgewiesene Nutzer

Er verlangt das Recht, jeden Tag einen Orgasmus zu haben, aber sein Sexpartner ist nicht immer bereit, diese Bitte zu erfüllen. Anfangs nutzt er Internetpornografie, um diese Leere zu füllen, aber sobald er die aufregende "Wasserrutsche" nimmt, ist er in einem Kreislauf aus Neuheit, Schock, unnatürlichen Bildern usw. gefangen. Eigentlich ist er froh über die Ablehnung seines Partners, denn das gibt ihm so etwas wie eine Ausrede. Wenn Internetpornografie dir so viel geben, warum möchtest du dann überhaupt einen Partner haben? Lass sie stattdessen frei. Du genießt nicht einmal die Sitzungen, wenn du deinen Partner in deinen Gedanken mit dir rumtragen musst. Irgendwann willst du, dass dein Partner im wirklichen Leben dich mit einer Ausrede versorgt, um in das Tal der dunklen Seite des Internets zu gehen.

Der Porn-Diät PMOer

Auch bekannt als: *"Ich kann aufhören, wann immer ich will. Ich habe es schon tausende Male getan!"*

Wenn sie glauben, dass eine Diät ihnen hilft, in Stimmung zu kommen, um sich einen Partner zu suchen, warum machen sie dann überhaupt diese Diät Niemand kann die Zukunft vorhersagen. Was ist, wenn das zufällige Treffen eine Stunde nach der geplanten Sitzung stattfindet? Und wenn gelegentliche "Rohrreinigung" gut ist, um Spannungen abzubauen, warum dann nicht jeden Tag? Es ist erwiesen, dass Selbstbefriedigung nicht notwendig ist, um die Genitalien gesund zu halten, und Internetpornografie ist überhaupt nicht notwendig. Selbst wenn das der Fall wäre, wird kein AnmachGuru, der über die neurologischen Schäden gelesen hat, jemals empfehlen, Superstimulus-Pornos anzusehen. Die Wahrheit ist, dass sie immer noch süchtig sind. Auch wenn sie von der körperlichen Sucht befreit sind, bleibt ihnen das Hauptproblem der Gehirnwäsche. Sie hoffen jedes Mal, dass sie für immer damit aufhören können, tappen aber bald wieder in die gleiche Falle.

Die meisten Nutzer sind neidisch auf diese Stopp-Starter und denken darüber nach, wie "glücklich" der Diätwillige ist, dass er seinen Konsum kontrollieren kann. Dabei übersehen sie jedoch, dass der Diätwillige seinen Konsum nicht unter Kontrolle hat und sich wünscht, er würde es nicht tun, wenn er er gerade dabei ist. Sie hören unter Mühen auf, fühlen sich dann beraubt und tappen wieder in die Falle und wünschen sich, sie hätten es nicht getan. Sie bekommen das Schlimmste aus beiden Welten. Wenn du darüber nachdenkst, ist das auch im Leben der Nutzer der Fall, wenn sie eine Sitzung haben dürfen und es als ihr Recht ansehen oder sich wünschen, sie hätten es nicht getan. Erst wenn man es ihnen vorenthält, wird es wertvoll. Das Syndrom der "verbotenen Frucht" ist eines der schrecklichen Dilemmas für Nutzer. Sie können nie gewinnen, weil sie einem Mythos, einer Illusion nachtrauern. Es gibt nur einen einzigen Weg, wie sie gewinnen können: indem sie aufhören, Trübsal zu blasen, indem sie mit Pornos aufhören!

Der "Ich gucke nur statische/sichere/Amateur-Pornografie""-Nutzer

Ja, das macht am Anfang jeder, aber ist es nicht erstaunlich, wie der durchschnittliche Schockwert dieser Clips schnell ansteigt, und bevor wir uns versehen, fühlen wir uns als würden wir etwas vermissen (Toleranz)? Der Reiz des Neuen fehlt bei statischer Pornografie, also zahlen wir die Zeche für eine Tasse Fett und fahren die Wasserrutsche hinunter in Richtung Groll und Schuld. Das Schlimmste, was du tun kannst, ist, die Bilder deines Partners (natürlich mit seiner Zustimmung) zur Selbstbefriedigung zu verwenden. Warum? Weil du damit dein Gehirn auf die Suche und Abwechslung verursachten Dopaminschübe neu kalibrierst. Die Porno-Wasserrutschen in deinem Gehirn bauen DeltaFosB auf, so dass du Schwierigkeiten haben wirst, wenn du mit ihnen im echten Leben zusammen bist.

Eine weitere Falle in dieser Kategorie sind "Amateur"- und "selbstgemachte" Pornos. Die meisten sind Fälschungen und du weißt das. Du wirst auch nicht beim ersten aufhören, der dir ins Auge springt, sondern weiter machen und weiter und suchen. Vergiss nicht, dass das Gehirn nicht nur den Orgasmus will, sondern auch die Neuheit der Jagd, die der Wasserrutsche ihren Nervenkitzel verleiht. Der Inhalt ist nicht das Problem, egal ob Amateur oder Professionell, es sind die Dopaminschübe im Gehirn, die zu Toleranz und Sättigung führen. Pornografie zerstört die normale

Gehirnfunktion, Masturbation verwirrt die Muskel-Gehirn-Reaktion. Der Orgasmus überflutet das Gehirn mit Opiaten, sodass der Weg beim nächsten Mal leichter zu beschreiten ist.

Der "Ich habe aufgehört, aber schaue ab und zu" Nutzer

In gewisser Weise sind die Ab-und-Zu-Nutzer die erbärmlichsten von allen. Entweder gehen sie durch ihr Leben und glauben, dass sie beraubt werden, oder, was noch häufiger vorkommt, aus dem gelegentlichen Blick werden zwei. Sie rutschen auf der schiefen Bahn nach unten und werden früher oder später wieder zu

Starkkonsumenten. Sie sind wieder in die gleiche Falle getappt, in die sie schon einmal getappt sind.

Es gibt zwei weitere Kategorien von Gelegenheitsnutzern. Die erste ist die, die zu Bildern oder Clips der neuesten Sexvideos von Prominenten masturbiert, die in den Nachrichten auftauchen, oder zu etwas, das sie von einer "zufälligen" Sichtung in der Schule oder auf der Arbeit "mit nach Hause genommen" haben. Diese Menschen sind eigentlich nur Nichtnutzer, aber sie haben das Gefühl, dass sie etwas verpassen. Sie wollen Teil des Geschehens sein, und die meisten von uns fangen so an. Bald schon merkst du, dass der Prominente deiner Fantasie nach einer Weile nicht mehr so toll ist. Je "unerreichbarer" das Ziel deiner Fantasie ist, desto frustrierender ist der Entzug des Orgasmus.

Die zweite Kategorie hat in letzter Zeit an Aufmerksamkeit gewonnen und lässt sich am besten anhand eines Falles beschreiben, der online geteilt wurde.

Eine berufstätige Frau hatte viele Jahre lang Internetpornografiegeschichten gelesen, einmal pro Nacht. Sie war im Übrigen eine sehr willensstarke Frau. Die meisten Nutzer würden sich fragen, warum sie überhaupt aufhören wollte, und wiesen gerne darauf hin, dass in ihrem Fall keine Gefahr von PIED oder PE bestand (was nicht stimmte). Sie benutzte nicht einmal statische Bilder, die Geschichten waren viel zahmer als die, die die meisten selbst täglich benutzen.

Sie machen den Fehler, anzunehmen, dass Gelegenheitsnutzer glücklicher sind und mehr Kontrolle haben. Sie haben vielleicht mehr Kontrolle, sind aber sicher nicht glücklich. Im Fall der Frau war sie weder mit ihrem Partner noch mit echtem Sex zufrieden und sehr reizbar, wenn sie auf ihre täglichen Belastungen reagierte. Ihr Liebster konnte nicht herausfinden, was sie bedrückte. Selbst wenn sie sich durch Rationalisierung einredete, dass sie keine Angst vor ihrem Gebrauch hatte, war sie immer noch nicht in der Lage, echte Beziehungen zu genießen, die immer mit Höhen und Tiefen verbunden sind. Das Belohnungszentrum ihres Gehirns war nicht in der Lage, die normalen De-Stressoren des Lebens zu nutzen, da es täglich mit Dopamin überflutet wird. Die daraus resultierende Herunterregulierung der Rezeptoren in ihrem Gehirn hat sie meist mit einem melancholischen Gefühl zurückgelassen. Wie die meisten hatte sie große Angst vor der dunklen Seite der Pornografie und der Behandlung von Frauen - bevor sie es zum ersten Mal sah.

Schließlich fiel sie der Gehirnwäsche der Gesellschaft zum Opfer und probierte ihre erste Webseite aus. Anders als die meisten, die kapitulieren und zu Kettennutzern werden, widerstand sie dem Abgleiten, als sie die widerlichen Gewaltclips sah.

Das Einzige, was du je an Pornografie genießt, ist die Beendigung des Verlangens, das zuvor begonnen hat, sei es das kaum wahrnehmbare körperliche Verlangen oder die seelische Folter, den Juckreiz nicht kratzen zu dürfen. Internetpornografie selbst ist Gift, weshalb du die Illusion, sie zu genießen, nur nach einer gewissen Zeit der Abstinenz erträgst. Ähnlich wie bei Hunger oder Durst gilt: Je länger du sie erträgst, desto größer ist die Freude, wenn sie endlich vorbei ist. Du machst den Fehler zu glauben, dass Pornografie nur eine Gewohnheit ist, und denkst: *"Wenn ich es auf ein bestimmtes Maß beschränken kann oder nur zu besonderen Anlässen, werden mein Gehirn und mein Körper es akzeptieren. Dann kann ich den Konsum auf diesem Niveau halten oder weiter reduzieren, wenn ich das möchte.* Sei dir darüber im Kalren, dass es die "Gewohnheit" gar nicht gibt. Pornografie ist eine Drogensucht, bei der die natürliche Tendenz darin besteht, die Entzugserscheinungen zu lindern, nicht sie auszuhalten. Um den Konsum auf dem jetzigen Niveau zu halten, müsstest du für den Rest deines Lebens ein enormes Maß an Disziplin und Willenskraft aufbringen, denn wenn das Belohnungszentrum deines Gehirns immun gegen Dopamin und Opiate wird, will es immer mehr und nicht immer weniger.

Während Pornografie nach und nach dein Nervensystem, deinen Mut, dein Selbstvertrauen und deine Impulskontrolle zerstört, wirst du gleichzeitig immer weniger in der Lage sein, dem Verkürzen der Abstände zwischen den einzelnen Sitzungen zu widerstehen. Deshalb können wir in den ersten Tagen so leicht aufhören oder anfangen, wie wir wollen. Wenn wir ein Anzeichen dafür sehen, dass etwas nicht in Ordnung ist, hören wir einfach auf. Beneide diese Frau nicht, denn wenn du nur einmal alle vierundzwanzig Stunden einen Porno siehst, erscheint er dir als das Kostbarste auf der Welt und macht Pornografie zu einer "verbotenen Frucht". Viele Jahre lang stand diese arme Frau im Zentrum eines Tauziehens.

Obwohl sie nicht aufhören konnte, Pornografie zu konsumieren, hatte sie Angst davor, es mit Streaming-Clips zu übertreiben. Dreiundzwanzig Stunden und zehn Minuten lang musste sie an jedem dieser Tage gegen die Versuchung und die fehlenden Gefühle gegenüber ihrem Freund ankämpfen. Es brauchte enorme Willenskraft, um das zu tun, was sie tat, und am Ende brach sie in Tränen aus. Solche Fälle sind selten, aber betrachte es logisch: Entweder gibt es eine echte Krücke oder Freude an Pornografie oder nicht. Wenn es sie gibt, wer will dann eine Stunde, einen Tag oder eine Woche warten? Warum solltest du in der Zwischenzeit auf das Vergnügen verzichten müssen? Wenn es keine echte Hilfe oder Vergnügen gibt, warum solltest du dann deinem Online-Harem einen Besuch abstatten?

Hier ist ein weiterer Fall eines Mannes, der einmal in vier Tagen nutzt und sein Leben wie folgt beschreibt:

> "Ich bin vierzig Jahre alt, ich habe PIED mit echten Frauen und sogar bei der Nutzung von Pornos, was meistens der Fall ist. Es ist schon eine Weile her, dass ich eine komplette Erektion hatte. Bevor ich mich auf die Porno-Diät einließ, schlief ich nach einer Sitzung die ganze Nacht durch. Jetzt wache ich jede Stunde in der Nacht auf und kann an nichts anderes mehr denken. Selbst wenn ich schlafe, träume ich von meinen Lieblingsclips. An den Tagen nach meiner geplanten Sitzung fühle ich mich ziemlich niedergeschlagen, weil die Diät meine ganze Energie

aufbraucht. Meine bessere Hälfte lässt mich allein, weil ich so schlecht gelaunt bin, und wenn sie nicht gehen kann, will sie mich nicht im Haus haben. Ich gehe draußen joggen, aber mein Geist ist wie besessen davon. An dem geplanten Tag fange ich schon in der Nacht vorher an zu planen und werde sehr, gereizt, wenn etwas unvorhergesehenes passiert. Ich ziehe mich aus Gesprächen zurück und gebe bei der Arbeit und zu Hause nach (nur um es später zu bereuen). Ich bin kein streitsüchtiger Typ, aber ich will nicht, dass mich das Thema oder die Unterhaltung aufhält. Ich erinnere mich an Zeiten, in denen ich dumme Streitereien mit meiner besseren Hälfte angefangen habe. Ich warte darauf, dass es 22 Uhr wird undd wenn es so weit ist, zittern meine Hände unkontrolliert. Ich fange nicht gleich damit an, denn es sind neue Videos hinzugekommen, also "schaue ich mich um". Mein Verstand sagt mir, dass ich, nachdem ich vier Tage lang gehungert habe, einen "besonderen" Clip verdient habe, der die Zeit der Suche wert sein muss. Schließlich entscheide ich mich für einen oder zwei, aber ich will, dass es länger hält, damit ich die nächsten vier Tage 'überleben' kann, also nehme ich mir mehr Zeit, um die Tat zu vollenden.

Zusätzlich zu seinen anderen Problemen hat der arme Mann keine Ahnung, dass er sich selbst mit Gift behandelt. Erst leidet er unter dem "Syndrom der verbotenen Früchte" und dann zwingt er sein Gehirn, Dopamin auszuschütten. Seine Dopaminrezeptoren sind nicht zu stark geschädigt, aber er schmiert die Porno-

Wasserrutschen, such nach Aufregung, Neuheit, Abwechslung, Schock und Angst, um die nächsten vier Tage zu überleben.

Wahrscheinlich stellst du dir diesen Mann als erbärmlichen Schwachkopf vor, aber das ist nicht so. Als ehemaliger Sportler und ehemaliger Marineoffizier wollte er nicht süchtig nach irgendetwas werden. Nach seiner Rückkehr aus dem Krieg absolvierte er jedoch eine Ausbildung zum IT-Techniker in einem Reha-Programm für Veteranen.

Als er in das zivile Arbeitsleben eintrat, war er ein gut bezahlter IT-Fachmann in einer Bank und bekam einen Laptop, um seine Arbeit mit nach Hause zu nehmen. Es war das Jahr, in dem berühmte Prominente ihre Pornovideos online "leakten" und es wurde viel darüber gesprochen. Daraufhin wurde er süchtig und verbrachte den Rest seines Lebens damit, viel Geld zu bezahlen und sich körperlich und geistig zu ruinieren. Wenn er ein Tier wäre, hätte die Gesellschaft ihn schon längst von seinem Elend erlöst, aber wir lassen es immer noch zu, dass geistig und körperlich gesunde junge Teenager süchtig werden. Du magst diesen Fall für übertrieben halten, aber dieser - auch wenn extrem - ist bei weitem kein Einzelfall. Es gibt Zehntausende von ähnlichen Geschichten. Kannst du dir sicher sein, dass keine seiner Freunde und Bekannten ihn darum beneidet hat, dass er nur ein Alle-Vier-Tage-Typ ist? Wenn du denkst, dass dir das nicht passieren kann, **dann mach dir nichts vor.**

ES PASSIERT JETZT GERADE.

Wie andere Süchtige sind auch Pornografienutzer notorische Lügner, sogar sich selbst gegenüber. Das müssen sie auch. Die meisten Gelegenheitsnutzer konsumieren viel öfter und bei viel mehr Gelegenheiten, als sie zugeben. In vielen Gesprächen mit so genannten Zweimal-pro-Woche-Nutzern geben sie zu, dass sie es mehr als drei oder vier Mal in der Woche getan haben. Lies die Beiträge von Gelegenheitsnutzern auf reddit, NoFap und in RebootForen und du wirst feststellen, dass sie entweder die Tage zählen oder darauf warten, zu versagen. Du brauchst Gelegenheitsnutzer nicht zu beneiden, du brauchst auch keine Pornografie zu nutzen, das Leben ist unendlich viel süßer ohne sie. Lies mal den folgenden Eintrag:

"Es begann mit einer einfachen Herausforderung, meinen Penis einen Tag lang nicht zu berühren, und ich konnte es nicht. Ich denke nicht mehr an Selbstbefriedigung, sie kommt mir nicht in den Sinn. Das ist

möglich, ich verspreche es dir. Der Reichtum, der auf diejenigen wartet, die dazu in der Lage sind - er ist unglaublich."

Teenager sind in der Regel schwieriger zu heilen, nicht weil es ihnen schwerer fällt, aufzuhören, sondern weil sie nicht glauben, dass sie abhängig sind oder sich im Anfangsstadium der Falle befinden und unter der Illusion leiden, dass sie automatisch vor dem zweiten Stadium aufgehört haben.

Eltern von Kindern, die Internetpornografie verabscheuen, sollten sich nicht in falscher Sicherheit wiegen. Alle Kinder verabscheuen die dunklen Seiten von Pornografie - bevor sie süchtig werden. Irgendwann hast auch du das getan. Lass dich auch nicht von Panikmache täuschen, die Falle ist dieselbe wie immer. Kinder wissen, dass Internetpornografie einen unnormalen Reiz darstellt, aber sie wissen auch, dass ein "Besuch" oder "Blick" nicht ausreicht. Irgendwann werden sie vielleicht von einem Partner, Mitschüler oder Arbeitskollegen beeinflusst.

Werde bitte nicht selbstgefällig in dieser Angelegenheit. Das Versagen der Gesellschaft, Jugendliche davor zu bewahren, süchtig nach Internetpornos und anderen Drogen zu werden, ist vielleicht die beunruhigendste der vielen Facetten der Sucht. Es ist notwendig, Jugendliche aufzuklären und davor zu schützen, da ihr Gehirn in ihrem Alter noch sehr plastisch ist. Ein gutes Hilfsmittel ist das Buch

YourBrainOnPorn und die Aufklärung über die Neurowissenschaften. Selbst wenn du den Verdacht hast, dass dein Teenager bereits süchtig sein könnte, bietet das Buch eine hervorragende Anleitung, um zu verstehen, wie man jemandem helfen kann, davon loszukommen. Empfehle ansonsten dieses Buch!

14 Der Youtube-Nutzer

Dieser Nutzer sollte zu den Gelegenheitsnutzern gezählt werden, aber die Auswirkungen sind so heimtückisch, dass er ein eigenes Kapitel verdient. Sie führen zum Zusammenbruch der

Selbstkontrolle, was bei einem Nutzer des NoFap-Forums fast zu einer Trennung geführt hätte:

Ich war in der dritten Woche einer meiner fehlgeschlagenen Versuche aufzuhören, und der Auslöser für den Versuch war die Sorge meiner Frau über meine unzuverlässigen Ständer und mein Desinteresse. Ich hatte ihr gesagt, dass es nicht an ihr lag, sondern nur am beruflichen Druck. Sie sagte: "Ich weiß, dass du mit dem Arbeitsdruck schon zurechtgekommen bist, aber wie würdest du dich an meiner Stelle fühlen, wenn du zusehen müsstest, wie sich jemand, den du liebst, systematisch selbst zerstört?" Das war ein Argument, das ich bestechend fand, daher der Versuch, aufzuhören. Sie weiß, dass ich sie nicht betrüge, aber das ist in gewisser Weise noch schlimmer. Der Versuch endete nach drei Wochen in einem heftigen Streit mit einem alten Freund. Erst Jahre später wurde mir klar, dass mein hinterhältiger Verstand den Streit absichtlich ausgelöst hatte. Ich fühlte mich damals zu Recht verärgert, aber ich glaube nicht, dass das ein Zufall war, denn ich hatte mich weder zuvor noch danach mit diesem Freund gestritten. Es war eindeutig das kleine Monster am Werk.

Egal, ich hatte eine Ausrede. Ich brauchte dringend eine Erleichterung und es war egal, wie. Meine Frau war nicht in der Stimmung, also fühlte ich mich "berechtigt" und redete mir ein, dass es in Ordnung sei, wenn ich mich selbst "einschränke", indem ich Pornografieseiten meide und nur YouTube-Videos anschaue, um die "rote Linie" nicht zu überschreiten. Aber meine Frau kam im Laufe der Nacht wieder zu sich und wollte mit mir schlafen, aber ich war müde und hatte keine Kraft mehr, also erfand ich Kopfschmerzen. Ich konnte es nicht ertragen, an die Enttäuschung zu denken, die das bei meiner Frau auslösen würde. Dann kehrte ich allmählich zu meinen alten Gewohnheiten zurück, mit YouTube als meinem neuen Haremsziel. Ich erinnere mich, dass ich damals recht zufrieden war, weil ich dachte, dass ich dadurch wenigstens meinen Konsum einschränken würde. Schließlich warf sie mir vor, ich würde sie im Bett weiterhin ignorieren. Ich hatte es nicht bemerkt, aber sie beschrieb, wie oft ich einen Streit ausgelöst hatte und aus dem Haus gestürmt war. Ein anderes Mal brauchte ich zwei Stunden, um irgendeine Kleinigkeit zu kaufen und täuschte Verstauchungen vor. Ich hatte mir schwache Ausreden einfallen lassen, um sie nicht umwerben zu müssen, und wenn ich einen zuverlässigen OnlineHarem habe, ist es noch schwieriger."

Das Schlimmste für den YouTube-Nutzer ist, dass dies den Trugschluss in seinem Kopf unterstützt, dass er beraubt wird. Gleichzeitig führt es zu einem großen Verlust an Selbstachtung; eine ansonsten ehrliche Person kann sich dazu zwingen, ihren Liebsten zu betrügen. Das ist dir wahrscheinlich auch schon passiert oder passiert dir noch in irgendeiner Form.

Die Probleme, die mit Websites wie Twitch, Instagram, TikTok und Twitter verbunden sind, werden in erster Linie durch "Ergänzung" verursacht. Angetrieben von der Suche nach Dopamin-Höhepunkten durch Neuheit, gaukeln sie sich selbst vor, dass sie auf einer sicheren Seite sind. Vergiss nicht, der Nervenkitzel liegt in der Suche, nicht im Töten, und dem kleinen Monster ist es egal, woher es seinen Kick bekommt. Für die Nutzer sind die "harmlosen" Inhalte, die sie in ihren verschiedenen Online-Feeds erhalten, eine flüchtige Erleichterung ihrer Entzugserscheinungen, die sie abhängig halten und auf ihre Sitzung warten lassen.

Das model in dem Bild/Video ist wahrlich schön, und wenn es jetzt bei dir wäre, würde es dir Befriedigung verschaffen, aber das Bild kann es nicht... Es ist einfach nicht real. Dein Gehirn wird ausgetrickst wie ein Stier, der auf ein rotes Tuch zurennt, und hinterher gar nicht versteht warum. Man könnte meinen dass man sich dann einfach diese Bilder anschauen kann, ohne zu masturbieren. Aber denke daran dass dein Gehirn von dieser endlosen Neuigkeit abhängig ist, und dem kleine Monster ist es egal woher sein Fix kommt.

Vielleicht hast du schon einmal die Fernsehserie Columbo gesehen, die in jeder Folge ein ähnliches Thema hat. Der Bösewicht, in der Regel ein wohlhabender und angesehener Geschäftsmann, hat einen Mord begangen, von dem er überzeugt ist, dass er perfekt ist. Seine Zuversicht, dass sein Verbrechen unentdeckt bleibt, wird noch gestärkt, als er erfährt, dass der eher schäbig und unscheinbar aussehende Detective Columbo mit dem Fall betraut ist.

Columbo hat die frustrierende Angewohnheit, nach dem Verhör die Tür zu schließen, welches dem Verdächtigen versichert, dass er aus dem Schneider ist, und kurz bevor der zufriedene Ausdruck aus dem Gesicht des Mörders verschwunden ist, taucht Columbo wieder auf und sagt: "Nur eine Kleinigkeit, Sir, die Sie sicher erklären können..." Der Verdächtige stottert und weiß von da an, dass Columbo ihn allmählich zermürben wird. Egal, wie abscheulich das Verbrechen war, von diesem Zeitpunkt an waren die Sympathien auf der Seite des Mörders.

Diese Kämpfe sind ähnlich: die Anspannung, die rote Linie nicht überschreiten zu dürfen, um den Pornofix zu bekommen, den sie "zu Recht verdient" haben, und sich dann zu fragen, worin das Vergnügen gelegen hat, nachdem man fertig ist. Angst, die Grenze zu überschreiten, die Kontrolle zu verlieren und ins Bett zurückzukehren, nur um von der Angst verfolgt zu werden, dass dein Partner Sex wollte. Wenn dich die "sicheren" YouTube-Videos nicht mehr befriedigen, weil du desensibilisiert bist, keine Lust mehr auf Neues hast und weißt, dass du früher oder später deinen

LieblingsOnline-Harem besuchen wirst. Die letzte Demütigung und Schande ist, wenn diese Gewissheit zur Tatsache wird, gefolgt von der sofortigen Rückkehr zum "Kettengucken".

OH, DIE FREUDE, ein PMOer zu sein!

15 Eine Soziale Gewohnheit?

Die Gesundheit von Geist und Körper sind die Hauptgründe, warum wir aufhören *sollten* - aber das war schon immer so. Wir brauchen eigentlich keine wissenschaftliche Forschung und keine Kenntnisse der Neurochemie, um zu wissen, dass Internetpornografie süchtig macht und unser Leben zerstören kann. Unsere Körper sind die ausgeklügeltsten Objekte auf diesem Planeten und jeder Nutzer weiß von der ersten Sitzung an, dass der Reiz ins Unermessliche steigen und giftig werden kann.

Der einzige Grund, warum wir uns überhaupt auf Pornografie einlassen, ist die Überschneidung des Zyklus mit unserer evolutionären Programmierung. Internetpornografie ist stets verfügbar, kostenlos und streamt rund um die Uhr. Früher galten Pornos als harmlos, aber das war, als die Bilder noch statisch waren und man für die Videos noch eine VHS-Kassette aus dem Laden holen musste.

Heute ist generell erkannt - selbst von den Nutzern – dass Pornografie einen unnormalen Reiz darstellt und süchtig macht. Früher hat der starke Mann nicht zugegeben, dass er masturbiert hat,und Wichser eine abfällige Bezeichnung war. In jeder Kneipe, jedem Club oder jeder Bar war die Mehrheit der Männer stolz darauf, eine Frau mit nach Hause zu nehmen und echten Sex zu haben.

Heute ist die Lage für den Internetpornosüchtigen genau umgekehrt: Der Mann von heute beginnt zu merken, dass er keine Frau braucht. Er schließt sich online mit anderen zusammen, um Erfahrungen zu diskutieren, Strategien zu entwickeln und Optionen zu erkunden.

Der starke Mann von heute will nicht von Drogen abhängig sein. Durch die soziale Revolution denken alle Nutzer ernsthaft darüber nach, Internetpornos und Selbstbefriedigung zu stoppen. Die Nutzer von heute halten Pornografie für eine nutzlose und schädliche Aktivität.

Der wichtigste Trend, der in den Foren zu beobachten ist, ist die zunehmende Betonung der asozialen Aspekte von Pornos. Die Zeiten, in denen ein Mann damit prahlte, jeden Tag Sex und Orgasmen zu haben, werden langsam durch die Erkenntnis der Sklaverei gegenüber dem Pornomonster ersetzt.

Der einzige Grund, warum die Leute weitermachen, nachdem sie aufgeklärt wurden, ist, dass sie es nicht geschafft haben, aufzuhören oder zu viel Angst haben, es zu versuchen. Es gibt ein breites Spektrum an Interesse an dem Thema, einige wenden sich dem Verzicht auf Pornos, Masturbation und Orgasmus zu - mit oder ohne Partner. Praktiken, die den lustvollen und den fortpflanzungsfördernden Teil des Geschlechtsverkehrs voneinander trennen, wie z.B. das Zurückhalten von Sperma und Karezza, werden diskutiert und in Scharen angenommen. Viele der oben genannten Misserfolge sind in Wirklichkeit Rückschritte, die die Menschen, die sie praktizieren, nach vorne bringen. Wenn du den Weg ohne PMO eingeschlagen hast, wirst du herausfinden, was am besten zu deinem Leben passt. Wenn du die sexuelle Trennung verstanden und praktiziert hast, kannst du deinen eigenen Plan für den Orgasmus entwickeln. Welchen Weg du auch immer wählst, du wirst sehen, dass es sich lohnt, die Anzahl der Orgasmus-bedingten

Chemikalienflutung deins Hirns zu begrenzen und Pornos, Sex und Orgasmen nie wieder als Vergnügen oder Krücke für dein emotionales Selbst zu sehen.

Verschiedene beliebte Online-Gemeinschaften, die von NichtNutzern gegründet wurden, widmen sich der Aufgabe, nicht nur mit Pornografie, sondern auch mit der Selbstbefriedigung aufzuhören. Diese Seiten sind für diejenigen, die davon fliehen, letztlich nützlich, aber die meisten Hinweise weisen sie darauf hin, es mit Willenskraft zu versuchen. Die Folge der Besessenheit von Abstinenzphasen und anderen Maßnahmen ist Selbstmitleid und mangelndes Hochgefühl.

Ein Großteil der Gehirnwäsche ist immer noch da und funktioniert.

Irgendwann bricht jemand ein und es kommt zu einem Dominoeffekt, und andere Nutzer finden heraus, dass sie nicht die Einzigen sind. Aber ihre Bemühungen sind nicht vergebens, sie kommen weiter, wenn auch mit viel Selbstquälerei, da sie zwar ihre Browser, nicht aber die Lust und das Bedürfnis abschalten. EasyPeasy funktioniert umgekehrt: Es schaltet zuerst das Bedürfnis und den Wunsch ab, bevor es den Browser ausschaltet. Jeden Tag verlassen mehr und mehr Nutzer das sinkende Schiff und die, die übrig bleiben, haben Angst, dass sie die letzten sind.

SEI NICHT DU DER LETZTE!

16 Der richtige Zeitpunkt

Abgesehen von dem offensichtlichen Punkt, dass es dir nicht gut tut und dass jetzt der richtige Zeitpunkt zum Aufhören ist, ist das Timing wichtig. Die Gesellschaft behandelt Internetpornografie leichtfertig als eine leicht geschmacklose Angewohnheit, die deiner Gesundheit keinen Schaden zufügt. Das ist nicht wahr. Es ist eine Drogensucht, eine Krankheit und ein Zerstörer von Beziehungen in der Gesellschaft. Das Schlimmste, was im Leben der meisten Nutzer passiert, ist, von dieser schrecklichen Sucht abhängig zu werden. Wenn sie süchtig bleiben, passieren furchtbare Dinge. Das richtige Timing ist daher wichtig, um dich richtig zu heilen.

Als erstes solltest du herausfinden, zu welchen Zeiten oder Anlässen Pornografie wichtig für dich zu sein scheint. Wenn du ein Geschäftsmann bist, der sie für die Illusion des Stressabbaus nutzt, wähle eine relativ ruhige Zeit oder einen Urlaub. Wenn du Pornografie hauptsächlich in langweiligen oder entspannenden Zeiten nutzt, gilt das Gegenteil. Wie auch immer, nimm den Versuch ernst und mach ihn zur wichtigsten Sache in deinem Leben.

Schaue drei Wochen in die Zukunft und versuche, jedes Ereignis vorauszusehen, das zum Scheitern führen könnte. Anlässe wie Konferenzen, die Abwesenheit deines Partners usw. brauchen dich nicht abzuschrecken, wenn du sie im Voraus planst und nicht das Gefühl hast, dass du zu kurz kommst. Versuche nicht, in der Zwischenzeit zu reduzieren, denn das würde nur die Illusion erwecken, dass die Verweigerung angenehm ist. Es ist sogar hilfreich, wenn du dich zwingst, so viele Pornos wie möglich zu schauen und zu haben. Während du die letzte Sitzung und dein letztes Mal erlebst, achte auf die Enttäuschung aufgrund der Sättigung, unerfüllten Erwartungen, körperlichen Schmerzen, Entzugserscheinungen, Verdrießlichkeit und Melancholie. Denke daran, wie schön es sein wird, wenn du es dir selbst erlaubst, damit aufzuhören.

WAS AUCH IMMER DU TUST, TAPPE NICHT IN DIE FALLE,

EINFACH ZU SAGEN "NICHT JETZT, SPÄTER" UND ES AUS DEINEM KOPF ZU VERDRÄNGEN. ARBEITE JETZT DEINEN ZEITPLAN AUS UND FREUE DICH DARAUF.

Denke daran, dass du NICHTS aufgibst. Ganz im Gegenteil, du bist dabei, wunderbare positive Vorteile zu erhalten.

Jahrelang hat die Ärzteschaft Pornografie als harmlos angesehen, ohne den Unterschied zwischen der zahmen statischen Pornografie von früher und dem neuesten Virtual-Reality-Streaming-Erlebnis zu kennen. Das Problem ist, dass zwar jeder Nutzer Internetpornografie nur zur Linderung des Dopaminverlangens nutzt, aber es ist nicht die Sucht nach der Chemikalie, die den Nutzer fesselt, sondern die Selbstgehirnwäsche, die aus der Sucht resultiert. Ein intelligenter Mensch fällt auf einen Trick herein, aber nur ein Narr würde weiter darauf hereinfallen, wenn er gemerkt hat, dass es ein Trick ist. Glücklicherweise sind die meisten Nutzer keine Dummköpfe; sie denken nur, dass sie es sind. Jeder einzelne Nutzer hat seine eigene Gehirnwäsche. Deshalb scheint es auch so viele verschiedene Arten von Süchtigen zu geben, was die Rätsel nur noch größer macht.

Obwohl der Nutzen des ursprünglichen Buches darin bestand, mit der Nikotinsucht aufzuhören (eine der schnellsten und süchtig machendsten Drogen, die der Menschheit bekannt ist), war ich angenehm überrascht festzustellen, dass die Philosophie, die im ursprünglichen Buch vertreten wurde, immer noch solide ist, wenn sie auf etwas anderes übertragen wird. Das gesammelte Wissen und die Herausforderung, die Allen Carr und ich auf uns genommen haben, besteht darin, wie wir dieses Wissen jedem einzelnen Nutzer vermitteln können. Die Tatsache, dass ich weiß, dass es jedem Nutzer nicht nur leicht fällt, aufzuhören, sondern dass er den Prozess sogar genießen kann, ist nicht nur sinnlos, sondern auch äußerst frustrierend, wenn ich es nicht schaffe, es dem Nutzer zu vermitteln. Allen Carr erklärt in seinem Originalbuch seinen kontroversen Ratschlag:

"Viele Leute haben zu mir gesagt: "Du sagst: "Rauch weiter, bis du das Buch zu Ende gelesen hast". Das sorgt dafür, dass der Raucher ewig braucht das Buch zuende zu lesen oder es einfach nie beendet. Basta. Deshalb solltest du die Anweisung ändern.' Das klingt logisch, aber ich weiß, wenn die Anweisung lauten würde: 'Hör sofort auf', würden einige Raucher nicht einmal anfangen, das Buch zu lesen. In den ersten Tagen kam ein Raucher zu mir. Er sagte: "Ich ärgere mich wirklich, dass ich Ihre Hilfe in Anspruch nehmen muss, denn ich weiß, dass ich einen starken Willen habe. In jedem anderen Bereich meines Lebens habe ich alles unter Kontrolle. Warum schaffen es all die anderen Raucher mit ihrer eigenen Willenskraft und ich muss zu Ihnen kommen?" Er fuhr fort: "Ich glaube, ich könnte es auch allein schaffen, wenn ich dabei rauchen könnte."

Die gesellschaftliche Meinung besagt, dass es unglaublich schwierig ist, mit dem Rauchen aufzuhören. Was brauchts also ein Raucher wenn etwas schwer ist? Seinen kleinen Freund, seine Krücke. Mit dem Rauchen aufzuhören scheint ein Schlag zu sein: Nicht nur, dass es eine schwierige Aufgabe zu bewältigen gibt - was schwer genug ist - auch die Krücke, auf die er sich normalerweise bei solchen Gelegenheiten verlässt, ist nicht verfügbar. Das vielleicht schönste an dieser Methode ist, dass du nichts aufgeben musst, während du den Prozess durchläufst. Du wirst zunächst alle Ängste und Zweifel los, so dass du am Ende der letzten Sitzung bereits die Freiheit genießt.

Deshalb wird dieses Hackbook die gleichen Ratschläge beibehalten. Egal, wie oft gesagt wird, dass es einfach ist und Spaß macht, es wird eine große Mehrheit geben, die das nicht akzeptieren kann, weil sie sich selbst eine Gehirnwäsche verpasst hat, wie schwer es ist, aufzuhören.

Das Timing ist das einzige Kapitel, das mich dazu veranlasst, Allens ursprünglichen Rat ernsthaft in Frage zu stellen. Vor allem, wenn zu den Auslösern der Stress im Büro gehört, solltest du dir einen Feiertag aussuchen, an dem du es versuchst, und umgekehrt. Das ist nicht der einfachste Weg - suche dir stattdessen die Zeit aus, die du für am *schwierigsten* hältst. Ob das nun Stress, soziale

Verpflichtungen, Konzentration oder Langeweile ist: Wenn du erst einmal bewiesen hast, dass du auch in den schlimmsten Situationen zurechtkommst und das Leben genießt, ist jede andere angenehm. Aber wenn das der Ratschlag wäre, würdest du es dann überhaupt versuchen?

Hier ist eine Analogie: Meine Schwester und ich wollen zusammen schwimmen gehen. Wir kommen zur gleichen Zeit am Schwimmbad an, aber wir schwimmen selten zusammen. Der Grund dafür ist, dass sie einen Zeh eintaucht und eine halbe Stunde später tatsächlich schwimmt. Das ist eine langsame Tortur, denn ich weiß schon vorher, dass ich mich irgendwann ins Wasser wagen muss, egal wie kalt das Wasser ist. Also habe ich gelernt, es auf die einfache Art zu tun: Direkt ins Wasser zu springen. Angenommen, ich könnte darauf bestehen, dass sie gar nicht schwimmen darf, wenn sie nicht reinspringt. Verstehst du das Problem?

Aus den Rückmeldungen geht hervor, dass viele Nutzer den ursprünglichen Ratschlag zum Timing verwendet haben, um den vermeintlich "bösen Tag" hinauszuzögern. Mein nächster Gedanke war, die Technik auf die Vorteile von Pornos anzuwenden, so etwas wie - *"Timing ist sehr wichtig und im nächsten Kapitel wirst du über den besten Zeitpunkt für den Versuch beraten."* und auf der nächsten Seite gibt es nur ein massives *"JETZT!"* Das ist in der Tat der beste Ratschlag, aber würdest du ihn befolgen? Dies ist der vielleicht subtilste Aspekt der Falle: Wenn wir echten Stress in unserem Leben haben, ist es nicht an der Zeit, aufzuhören, aber in Zeiten ohne Stress haben wir keine Lust, aufzuhören. Stell dir die folgenden Fragen:

1. Als du zum ersten Mal auf Pornografie gestoßen bist, hast du da wirklich beschlossen, dass du für den Rest deines Lebens davon abhängig sein würdest, ohne jemals aufhören zu können? **Natürlich hast du das nicht!**

2. Wirst du für den Rest deines Lebens weitermachen, ohne jemals aufhören zu können? **Natürlich nicht!**

Wann wirst du aufhören? Morgen? Nächstes Jahr? Das Jahr danach? Hast du dich das nicht auch schon gefragt, als du gemerkt hast, dass du süchtig bist? Hoffst du, dass du eines Morgens aufwachst und einfach nicht mehr schauen willst? Mach dir nichts vor: Bei jeder Sucht wird man immer mehr süchtig, nicht weniger. Willst du warten, bis du merkst, dass es schwieriger ist, aus dem Bett zu kommen, als nur zu masturbieren? Das wäre ein bisschen sinnlos.

Die eigentliche Falle ist der Glaube, dass jetzt nicht der richtige Zeitpunkt ist - morgen wird es immer einfacher sein. Wir glauben, dass wir ein stressiges Leben führen, aber in Wirklichkeit tun wir das nicht. Wir haben den meisten echten Stress aus unserem Leben verbannt. Wenn du dein Haus verlässt, hast du keine Angst, von wilden Tieren angegriffen zu werden. Die meisten fragen sich nicht, woher wir unsere nächste Mahlzeit bekommen oder ob wir heute Nacht ein Dach über dem Kopf haben werden. Stell dir das Leben eines wilden Tieres vor: Jedes Mal, wenn ein Kaninchen aus seinem Bau kommt, ist es sein ganzes Leben lang mit Vietnam konfrontiert.

Aber das Kaninchen kommt damit klar, es hat Adrenalin und andere Hormone und wir auch. Die Wahrheit ist, dass die stressigsten Phasen im Leben eines jeden Lebewesens die frühe Kindheit und die Jugend sind. Aber drei Milliarden Jahre natürliche Auslese haben uns dazu gebracht, mit Stress umzugehen, und viele, die eine schwere Kindheit hatten, führen ein normales Leben.

Es ist ein Klischee zu sagen: *"Wenn du nicht gesund bist, hast du nichts"*, aber es ist absolut wahr. Wenn du dich körperlich und geistig stark fühlst, kannst du die Hochs genießen und die Tiefs bewältigen. Verantwortung wird mit Stress verwechselt, und Verantwortung wird nur dann stressig, wenn wir uns nicht stark genug fühlen, um sie zu bewältigen. Was die meisten zerstört, sind nicht Stress, Arbeit oder das Alter, sondern die illusorischen Krücken, auf die sie sich stützen.

Sieh es mal so: Du hast bereits beschlossen, dass du nicht für den Rest deines Lebens in der Falle sitzen bleibst. Deshalb musst du irgendwann durch den Prozess der Befreiung gehen, egal ob es dir leicht oder schwer fällt. Pornografie ist keine Gewohnheit oder ein Vergnügen, es ist eine Sucht und eine Krankheit. Wir haben festgestellt, dass es morgen nicht einfacher wird, sondern dass es immer schlimmer wird. Der Zeitpunkt, um davon loszukommen, ist **jetzt** - oder so nah dran an jetzt, wie du es schaffen kannst. Denk nur daran, wie schnell jede Woche unseres Lebens vergeht. Stell dir vor, wie schön es sein wird, den Rest deines Lebens zu genießen, ohne dass immer größere Schatten über dir hängen. Wenn du alle Anweisungen befolgst, musst du nicht einmal fünf Tage oder drei Wochen warten. Es wird dir nicht nur leicht fallen, aufzuhören, sondern **du wirst es auch genießen!**

17 Verpasse ich den Spaß?

Nein! Wenn das kleine Pornomonster erst einmal tot ist, dein Körper nicht mehr nach Dopamin verlangt und die Porno-Wasserrutschen in deinem Gehirn aufgrund der fehlenden "Schmierung" zu verblassen beginnen, wird jede verbleibende Gehirnwäsche verschwinden. Du wirst feststellen, dass du sowohl körperlich als auch geistig besser gerüstet bist, um mit dem Stress und den Belastungen des Lebens umzugehen und die guten Zeiten in vollen Zügen zu genießen.

Es gibt nur eine Gefahr, nämlich den Einfluss derjenigen, die Sex immer noch als Krücke und Vergnügen benutzen. Der Spruch *"Das Gras des anderen ist immer grüner"* ist in vielen Bereichen unseres Lebens alltäglich und leicht verständlich. Warum neigt der ExKonsument im Fall von Pornografie, wo die Nachteile im Vergleich zu den illusorischen "Vorteilen" so enorm sind, dazu, diejenigen zu beneiden, die Sex und Pornografie als Krücke brauchen?

Bei all der Gehirnwäsche in der Kindheit ist es nur allzu verständlich, dass wir in die Falle getappt sind. Wie kommt es dann, dass wir, nachdem wir erkannt haben, was für ein dummes Spiel das ist und wir es geschafft haben, von der Sucht loszukommen, direkt wieder in dieselbe Falle tappen? Das liegt an der Gehirnwäsche der Gesellschaft, die Pornografie mit Sex gleichsetzt und als normal darstellt. Der Ex-Konsument hat einen Schmerz! Das unsichere Gefühl der Leere, dass sie Single sind (was ja kein Verbrechen ist) verursacht Angstgefühle und treibt sie dazu, die Wasserrutsche zu nehmen. Das ist in der Tat eine merkwürdige Anomalie, vor allem, wenn man diese Beobachtung in Betracht zieht: Nicht nur, dass jeder Nicht-Konsument auf der Welt glücklich darüber ist, so zu sein, sondern jeder Konsument auf der Welt wünscht sich auch mit seinem verzerrten, süchtigen, gehirngewaschenen Verstand, der unter dem Wahn leidet, es zu genießen oder sich zu entspannen, dass er gar nicht erst süchtig geworden wäre. Warum also sind manche Ex-Konsumenten neidisch?

1. "Nur ein kurzer Blick". Denke daran, dass es das nicht gibt. Hör auf, es als Einzelfall zu sehen und fang an, ihn aus der Sicht des Pornografienutzers zu betrachten. Du magst sie vielleicht beneiden, aber sie finden sich selbst nicht gut und beneiden dich. Wenn du nur irgendwie klinisch einen anderen Nutzer beobachten könntest, könte das der Ansporn von allen sein, um dir da rauszuhelfen. Fällt dir auf, wie schnell sie viele Tabs und Browserfenster öffnen? Sie spulen zu wichtigen Abschnitten vor, langweilen sich schnell bei einigen Clips und durchlaufen die ganze Bandbreite an Genres, die Neuheit, Schock, Angst usw. erzeugen. Achte vor allem darauf, dass die Handlung

   automatisch zu sein scheint. Vergiss nicht, dass es ihnen keinen Spaß macht, sondern dass sie sich ohne es nicht amüsieren können. Wenn sie am nächsten Morgen mit einem geschwächten Willen, verlorener Energie und trüben Augen aufwachen, müssen sie sich beim ersten Anzeichen von Stress und

   Anspannung wieder selbstgeißeln. Ihnen drohen ein Leben voller Schmutz, eine schlechte geistige Gesundheit, ein angeschlagenes Selbstvertrauen, ein Leben der Selbstzerstörung und schwarzen Schatten im Hinterkopf. Um was zu erreichen? Die Illusion, dass du bekommst, was du "verdienst" und verdammtes Vergnügen?

2. Der zweite Grund, warum manche Ex-Nutzer

   Entzugserscheinungen haben, ist, dass der Pornografie-Nutzer etwas tut, z. B. Selbstbefriedigung, und der Nicht-Nutzer nicht, so dass er sich benachteiligt fühlt. Mach dir bewusst, dass es nicht der Nichtnutzer ist, dem etwas vorenthalten wird, sondern der arme Süchtige, dem etwas vorenthalten wird:

   - Gesundheit
   - Energie

- Geld
- Selbstvertrauen
- Seelenfrieden
- Mut
- Gelassenheit
- Freiheit
- Selbstrespekt

Hör auf, Pornografienutzer zu beneiden und fang an, sie als die erbärmlichen, armseligen Kreaturen zu sehen, die sie wirklich sind. Ich weiß es, denn ich war selbst einmal einer der Schlimmsten. Deshalb liest du dieses Buch und nicht diejenigen, die sich das nicht eingestehen können und sich weiterhin etwas vormachen.

Du würdest einen Heroinabhängigen nicht beneiden, und wie jede Drogensucht wird auch deine nicht besser werden. Jedes Jahr wird es exponentiell schlimmer. Wenn du es heute nicht genießt, ein Konsument zu sein, wirst du es morgen noch weniger genießen. Sei nicht neidisch auf andere Drogenkonsumenten, sondern bemitleide sie. Glaube mir: **Sie brauchen dein Mitleid!**

18 Kann ich es aufteilen?

Das ist ein weiterer Mythos über Pornografie, der vor allem von Nutzern verbreitet wird, die beim Versuch, mit der Willenskraftmethode aufzuhören, mentale Gymnastik betreiben und eine Jekyll und Hyde-Routine beginnen: *"Pornografie ist für meine Alter-Ego-Seite und echte Romantik ist für meine Beziehungsseite."*

Nichts ist weiter von der Wahrheit entfernt. Die PornoWasserrutschen, das DeltaFosB und die neurologischen Veränderungen werden die Romantik im echten Leben überrollen und sie weniger begehrenswert machen. Mr. Hyde wird definitiv die Anweisungen von Dr. Jekyll umstoßen.

Wenn du Internetpornografie nutzt, trainierst du dich für die Rolle des Voyeurs, oder für die Möglichkeit, beim geringsten Abfall deines Dopaminspiegels auf etwas Erregenderes zu klicken. Oder die ständige Suche nach genau der richtigen Szene, um den maximalen Effekt zu erzielen. Es kann auch sein, dass du in gebückter Haltung masturbierst oder nachts im Bett auf dein Smartphone schaust und dich nach diesen Reizen mehr sehnst als nach dem echten Leben. Sex widerspricht fast jedem Aspekt des Online-Harems und hat im Vergleich dazu keine Chance. Die Erinnerungen, die in der Jugend geschaffen werden, sind mächtig und langlebig, deshalb dauert es länger, diese pornografischen Wasserrutschen abzubauen und neue zu schaffen. Das heißt aber nicht, dass es genrell schwieriger ist.

Jedes Mal, wenn du auf der "Porno-Wasserrutsche" fährst, fettest du sie ein und hältst die Nerven frisch und bereit zum Abschuss. Wenn du neben einem Fast-Food-Restaurant parkst, steigt dir der Geruch der Fritteuse in die Nase und der Kauf ist bereits abgeschlossen.

Genauso sind die Porno-Wasserrutschen in deinem Gehirn bereit, dich in den Bann zu ziehen und vierundzwanzig Stunden am Tag geöffnet. Jeder Hinweis oder Auslöser lässt deinen Belohnungskreislauf mit dem Versprechen auf Sex aufleuchten, nur dass es eben kein Sex ist. Trotzdem verfestigen die Nervenzellen diese Assoziationen mit sexueller Erregung, indem sie neue Verzweigungen sprießen lassen, um die Verbindungen zu stärken. Je mehr Pornografie du konsumierst, desto stärker werden die Nervenverbindungen, was dazu führt, dass du am Ende ein Voyeur sein *musst*, dass du auf neues, stets eskaliertes Material klicken musst, dass du Pornos brauchst, um einzuschlafen, oder dass du nach dem perfekten Ende suchen musst, um den Job zu erledigen.

Wie bei jeder Substanz oder Verhaltensdroge baut der Körper eine Immunität auf und die Droge hört auf, die Entzugserscheinungen vollständig zu lindern. Sobald der Pornografiekonsument eine Sitzung beendet hat, will er eine weitere und zwar schnell, denn der ständige Hunger bleibt ungestillt. Die natürliche Neigung ist Eskalation, um den Dopaminrausch zu bekommen. Die meisten Nutzer werden jedoch aus einem oder beiden der folgenden Gründe davon abgehalten, dies zu tun.

Geld.

Sie können es sich nicht leisten, kostenpflichtige Pornoseiten zu abonnieren.

Gesundheit

Der Körper kann nur eine bestimmte Menge verkraften, entweder die Dopaminschübe oder die Orgasmen. Außerdem werden beim Orgasmus Chemikalien freigesetzt, um den Dopaminrausch zu dämpfen. Das muss er auch, so funktioniert der Körper nun mal.

Sobald das kleine Monster deinen Körper verlässt, hört das schreckliche Gefühl der Unsicherheit auf. Dein Selbstvertrauen kehrt zurück, zusammen mit einem wunderbaren Gefühl der Selbstachtung. Du erhältst die Gewissheit, dein Leben in die Hand nehmen zu können und das als Sprungbrett zu nutzen, um andere Probleme anzugehen. Das ist einer der vielen großen Vorteile, wenn du dich von einer Sucht befreist.

Der Mythos der Aufteilung ist auf einen der vielen Tricks zurückzuführen, die das kleine Monster mit deinem Verstand spielt. Diese Tricks erschweren das Aufhören, weil der ständige Hunger nicht befriedigt werden kann, so dass viele Konsumenten zu Zigaretten, starkem Alkoholkonsum oder noch härteren Drogen greifen, um die Leere zu füllen.

Wir Menschen sind Bewertungstiere, sowohl uns selbst als auch anderen gegenüber. Wenn du dir mit deinem Partner Pornografie ansiehst, ist das unbefriedigend, denn beide bewerten die Leistung des anderen anhand der Erzählung. Willst du Brad Pitt in deinem Schlafzimmer haben, auch wenn er nur auf einem Poster zu sehen ist? Keine Person kann es mit einem Harem aufnehmen, in dem jede "Erfahrung" von Profis gespielt, geschrieben und inszeniert wird und vierundzwanzig Stunden am Tag sofort verfügbar ist.

19 Vermeide falsche Anreize

Viele Nutzer, die versuchen, mit der Willenskraftmethode aufzuhören, versuchen, ihre Motivation durch falsche Anreize zu steigern. Dafür gibt es viele Beispiele. Ein typisches Beispiel ist, sich mit Geschenken zu belohnen, wenn man einen Monat lang keine Pornografie geschaut hat. Das scheint ein logischer und vernünftiger Ansatz zu sein, ist aber in Wirklichkeit falsch, denn jeder, der etwas auf sich hält, würde lieber jeden Tag weiter Pornos schauen, als sich mit einem selbst gemachten Geschenk zu belohnen. Das weckt Zweifel in den Nutzern, denn sie müssen nicht nur dreißig Tage lang abstinent bleiben, sondern sind sich auch nicht sicher, ob sie die Tage ohne Pornografie überhaupt genießen können. Ihr einziges Vergnügen oder Stütze ist weggenommen! Dadurch wird das Opfer, das der Nutzer zu bringen glaubt, nur noch größer und in seinen Augen noch wertvoller.

Andere Beispiele sind:

- Ich höre auf, damit es mich dazu zwingt, ein soziales Leben und mehr echten Sex zu haben.
- Ich höre auf, damit eine magische Energie mir hilft, über die Konkurrenz hinauszuwachsen und den Partner zu bekommen, den ich suche.
- Ich höre auf, damit ich mich verpflichten kann, meine Energie und meinen Enthusiasmus nicht mit Pornografie zu verschwenden, die den Hunger in mir selbst steigert.

Diese sind wahr, können effektiv sein und du könntest am Ende bekommen, was du willst, aber denk mal kurz darüber nach. Wenn du das bekommst, was du wolltest, ist auch dieses Neue bald normal; Wenn du es nicht bekommen hast, fühlst du dich miserabel. So oder so tappst du früher oder später wieder in dieselbe Falle.

Das Aufhören mit einem falschen Anreiz zu verknüpfen, führt nur zu Zweifeln, denn wenn du deine Belohnung nicht bekommst (und selbst wenn du sie bekommst), wirst du anfangen, zweifelnde Gedanken zu denken, wie zum Beispiel: *"Wird das Aufhören mein Leben wirklich besser machen? Wenn ich aufhöre und nicht bekomme, was ich will, habe ich dann die Methode richtig angewendet?"* Solche Gedanken verstärken das Gefühl der Aufopferung und erzeugen daher Entzugserscheinungen.

Ein weiteres typisches Beispiel sind Online- oder Forenpakte. Diese haben den Vorteil, dass sie die Versuchung für eine bestimmte Zeit ausschalten. Allerdings scheitern sie in der Regel aus den folgenden Gründen:

1. Der Anreiz ist falsch. Warum solltest du aufhören wollen, nur weil andere Leute das auch tun? Damit wird nur zusätzlicher Druck erzeugt, der das Gefühl des Opfers verstärkt. Es ist in Ordnung, wenn alle Nutzer zu einem bestimmten Zeitpunkt wirklich aufhören wollen - aber du kannst sie nicht dazu zwingen, auch wenn sie es insgeheim wollen. Bis sie dazu bereit sind, erzeugt ein Pakt zusätzlichen Druck, der ihre Lust am Schauen erhöht. Das macht sie zu heimlichen Nutzern, was das Gefühl der Abhängigkeit noch verstärkt.

2. Die gegenseitige Abhängigkeit durch die Willenskraftmethode erzeugt das Gefühl, eine Zeit der Buße zu durchleben, in der sie darauf warten, dass der Drang verschwindet. Wenn sie nachgeben, entsteht ein Gefühl des Versagens. Bei der Willenskraftmethode wird einer der Teilnehmer aufgeben, was den anderen Teilnehmern die Ausrede liefert, auf die sie gewartet haben. Es ist nicht ihre Schuld, sie hätten durchgehalten, aber "Fred" hat sie im Stich gelassen. Die Wahrheit ist, dass die meisten von ihnen bereits geschummelt haben.

3. Anerkennung zu teilen ist das Gegenteil von Abhängigkeit. Es ist ein wunderbares Erfolgserlebnis, mit der Pornografie aufzuhören. Wenn du es alleine schaffst, kann die Anerkennung, die du von deinen Freunden und Online-Freunden bekommst, in den ersten Tagen ein enormer Ansporn sein. Wenn es jedoch alle gleichzeitig tun, muss die Anerkennung geteilt werden und der Ansporn wird folglich geringer.

4. Ein weiteres klassisches Beispiel ist das Guru-Versprechen. Wenn du aufhörst, wirst du glücklich sein, weil du nicht mehr in das Tauziehen verwickelt bist, dein Gehirn beginnt sich neu zu verdrahten und die Impulskontrolle wiederzuerlangen. Du musst jedoch bedenken, dass du dadurch weder ein Sexgott wirst noch im Lotto gewinnst. Niemanden außer dir interessiert es im Geringsten, ob du mit Pornos aufhörst. Du bist weder ein schwacher Mensch, wenn du dreimal am Tag Pornografie konsumierst und PIED hast, noch ein starker Mensch, wenn du süchtig bist und es nicht bist.

Hör auf, dir etwas vorzumachen. Wenn das Jobangebot von zehn Monaten Arbeit für zwölf Monate Gehalt im Jahr oder die Risiken, dass dein Gehirn nicht mehr in der Lage ist, den täglichen Stress und die Belastungen zu bewältigen, oder dass du keine zuverlässige Erektion mehr bekommst, oder die lebenslange geistige und körperliche Folter und Sklaverei dich nicht davon abgehalten haben, werden die oben genannten falschen Anreize nicht den geringsten Unterschied machen, sondern nur dazu führen, dass das Opfer noch schlimmer erscheint. Konzentriere dich stattdessen auf die andere Seite:

"Was habe ich davon? Warum muss ich Pornos schauen?"

Schau dir immer wieder die andere Seite des Tauziehens an und frage dich, was Pornos für dich tun. *ABSOLUT NICHTS.* Warum muss ich es tun? *DU BRAUCHST ES NICHT! DU BESTRAFST DICH NUR SELBST.* Es ist Pascals Wette: Du hast fast nichts zu verlieren (schwindende

Erregung), Chancen auf große Gewinne (volle und zuverlässige Erregung, geistiges Wohlbefinden und Glück) und keine Chance, groß zu verlieren.

Warum erklärst du also nicht deinen Ausstieg vor Freunden und Familie? Das macht dich zu einem stolzen Ex-Süchtigen oder Ex-Nutzer und nicht zu einem begeisterten und glücklichen NichtNutzer. Deinem Partner könnte das ein bisschen Angst machen, denn er könnte das als eine Art New-Age-Masche sehen, um mehr Sex zu haben. Er könnte auch befürchten, dass du dich in eine Sexmaschine verwandelst, aber das ist schwer zu erklären, wenn er nicht aufgeschlossen ist.

Jeder Versuch, andere dazu zu bringen, dir beim Aufhören zu helfen, gibt dem kleinen Monster noch mehr Macht. Es aus deinem Kopf zu verdrängen und völlig zu ignorieren hat den Effekt, dass du versuchst, *nicht* daran zu denken. Sei stattdessen achtsam: Sobald du die Gedanken, Hinweise (allein zu Hause) oder abwesende Gedanken bemerkst, sag dir einfach: *"Toll, ich bin kein Sklave des Pornos mehr. Ich bin frei und freue mich über die Vielfalt beim Sex!"* Damit schneidest du dem Gedanken den Sauerstoff ab und hältst ihn davon ab, sich in Richtung Triebe und Verlangen zu verbrennen. In dieser Hinsicht kann die Achtsamkeitsmeditation hilfreich sein, um die Gedanken zu entpersonalisieren.

20 Der einfache Weg aufzuhören

Dieses Kapitel enthält eine Anleitung, wie du ganz einfach mit Pornografie aufhören kannst. Wenn du die Anweisungen befolgst, wirst du feststellen, dass das Aufhören von relativ einfach bis hin zu angenehm ist! Wenn du die folgenden Anweisungen befolgst, ist es lächerlich einfach, mit Pornografie aufzuhören, du musst nur zwei Dinge tun.

1. Triff die Entscheidung, dass du nie wieder Pornografie schauen wirst.

2. Blase nicht Trübsal. Freue dich.

Du fragst dich wahrscheinlich: *"Wozu dann der Rest des Buches? Warum konntest du das nicht von Anfang an sagen?"* Die Antwort ist, dass du irgendwann darüber gejammert hättest und daraufhin früher oder später deine Entscheidung geändert hättest. Das hast du wahrscheinlich schon viele Male getan.

Wie schon gesagt, ist Pornografie eine subtile, hinterhältige Falle. Das Hauptproblem beim Aufhören ist nicht die Dopaminsucht, die sicherlich ein Problem ist, aber nicht das Hauptproblem, sondern die Gehirnwäsche. Deshalb ist es notwendig, zuerst alle Mythen und Wahnvorstellungen zu zerstören. Wenn du deinen Feind verstehst und seine Taktiken kennst, wirst du ihn leicht besiegen. Nachdem ich große Teile meines Lebens mit schlimmen Depressionen verbracht habe, um aufzuhören, bin ich, als ich endlich davon loskam, ohne einen schlechten Moment direkt auf Null gegangen. Sogar die Entzugsphase hat mir Spaß gemacht, und seitdem habe ich nicht den geringsten Verdruss gehabt. Im Gegenteil, es war das Schönste, was mir in meinem Leben passiert ist.

Mein letzter Versuch war anders. Wie alle anderen Konsumenten hatte ich ernsthaft über das Problem nachgedacht. Bis dahin hatte ich mich nach jedem Fehlschlag mit dem Gedanken getröstet, dass es beim nächsten Mal einfacher sein würde. Es war mir nie in den Sinn gekommen, dass ich für den Rest meines Lebens so weitermachen müsste. Dieser Gedanke erfüllte mich mit Schrecken und ich begann, sehr intensiv über das Thema nachzudenken.

Anstatt unbewusst den Browser zu starten, analysierte ich meine Gefühle und bestätigte, was ich bereits wusste. Ich hatte keinen Spaß an Pornografie und fand sie schmutzig und ekelhaft. Ich fing an, mir Nicht-Nutzer anzuschauen, die in anderen Teilen der Welt lebten oder ältere Menschen, die die Tube-Seiten nie kennengelernt hatten. Bis dahin hatte ich Nicht-Nutzer immer als wischiwaschi, ungesellig und pingelig betrachtet. Doch als ich sie untersuchte, wirkten sie, wenn überhaupt, stärker und entspannter. Sie schienen in der Lage zu sein, mit dem Stress und den Belastungen des Lebens fertig zu werden und schienen gesellschaftliche Veranstaltungen mehr zu genießen als die Pornonutzer. Sie hatten auf jeden Fall mehr Ausstrahlung und Lebensfreude als diese.

Ich fing an, mit Ex-Usern zu sprechen. Bis dahin hatte ich immer gedacht, dass sie aus gesundheitlichen oder religiösen Gründen aufhören mussten und sich insgeheim immer nach einem Haremsbesuch sehnten. Ein paar sagten: *Du bekommst gelegentliche Sehnsüchte, aber die sind so selten, dass es sich nicht lohnt, sich darum zu kümmern.* Die meisten sagten: *"Vermissen? Du machst wohl Witze! Das Leben hat sich nie besser angefühlt!"* Selbst wenn sie scheiterten, verurteilten sie sich nicht, sondern akzeptierten es bedingungslos. Wie ein Trainer, der einen Fehler eines wirklich goldenen Spielers akzeptiert. Das Gespräch mit ehemaligen Nutzern zerstörte einen weiteren Mythos, den ich immer im Kopf hatte: Ich dachte, ich hätte eine angeborene Schwäche, bis mir klar wurde, dass alle diesen privaten Albtraum durchmachen.

Im Grunde sagte ich mir: *"Viele Leute hören jetzt auf und führen ein glückliches Leben. Ich musste es nicht tun, bevor ich anfing, und ich kann mich daran erinnern, dass ich hart arbeiten musste, um mich an diesen Dreck zu gewöhnen. Warum muss ich es also jetzt tun?"* Auf jeden Fall machte mir Pornografie keinen Spaß, ich hasste das ganze schmutzige Ritual und wollte nicht den Rest meines Lebens als Sklave dieser ekelhaften Sucht verbringen. Dann sagte ich mir Folgendes:

"Ob es dir gefällt oder nicht, du hast deine letzte Sitzung hinter dir."

Von diesem Moment an wusste ich, dass ich es nie wieder tun würde. Ich hatte nicht erwartet, dass es einfach sein würde, im Gegenteil.

Ich glaubte fest daran, dass ich mich auf monatelange schlimme

Depressionen und den Rest meines Lebens auf gelegentliche Sehnsüchte einstellen müsste. Stattdessen war es von Anfang an ein absolutes Glücksgefühl.

Ich habe lange gebraucht, um herauszufinden, warum es so einfach war und warum ich nicht unter diesen schrecklichen Entzugserscheinungen gelitten habe. Der Grund dafür ist, dass es sie nicht gibt. Es sind die Zweifel und die Ungewissheit, die die Qualen verursachen. Die schöne Wahrheit ist, dass es *leicht ist, mit Pornografie aufzuhören.* Nur die Unentschlossenheit und das Trübsalblasen machen es schwierig. Selbst wenn man süchtig ist, kann man zu bestimmten Zeiten relativ lange Zeiträume ohne sie auskommen. Nur wenn man es will, aber nicht kann, leidet man darunter.

Deshalb liegt der Schlüssel zum Erfolg darin, den Ausstieg sicher und endgültig zu machen. Nicht zu hoffen, sondern zu wissen, dass du es geschafft hast, weil du die Entscheidung getroffen hast. Zweifle nie daran und stelle es nicht in Frage, ganz im Gegenteil - freue dich immer! Wenn du dir von Anfang an sicher sein kannst, wird es leicht sein. Aber wie kannst du dir von Anfang an sicher sein? Deshalb ist der Rest des Buches notwendig. Es gibt einige wichtige Punkte, über die du dir im Klaren sein musst, bevor du anfängst:

1. Realisiere, dass du es schaffen kannst. An dir ist nichts anders und die einzige Person, die dich zum Zuschauen bringen kann, bist du selbst. Nicht dieser Star, der in seinen kühnsten Träumen nie daran gedacht hätte, dass er zur Reduzierung der Potenz benutzt wird.

2. Es gibt absolut nichts, was du aufgeben musst. Im Gegenteil, es gibt enorme positive Gewinne zu erzielen. Nicht, dass du gesünder und reicher wärst, aber du wirst die guten Zeiten mehr genießen und in den schlechten weniger unglücklich sein.

3. So etwas wie einen Blick oder Besuch gibt es nicht. Pornografie ist eine Drogensucht und eine Kettenreaktion. Wenn du über einen gewünschten gelegentlichen Besuch jammerst, bestrafst du dich nur unnötig.

4. Sieh Pornografie nicht als eine 'Männer bleiben Männer'Angewohnheit, die dich verletzen kann, sondern als eine Drogensucht. Sieh der Tatsache ins Auge, ob du es willst oder nicht, dass **du die Krankheit hast**. Sie wird nicht verschwinden, weil du den Kopf in den Sand steckst. Denk daran, dass sie wie alle lähmenden Krankheiten nicht nur ein Leben lang anhält, sondern sich exponentiell verschlimmert. Die einfachste Zeit, sie zu heilen, ist jetzt.

5. Trenne die Krankheit, die neurologische Sucht, von der Einstellung, ein Nutzer zu sein oder nicht. Alle Abhängigen würden die Gelegenheit nutzen, in die Zeit zurückzukehren, bevor sie süchtig wurden. Diese Möglichkeit hast du heute! Denke nicht einmal daran, dass du es 'aufgibst'.

Wenn du die endgültige Entscheidung triffst, dass du deinen letzten Besuch hattest, bist du bereits ein Nicht-Nutzer. Ein Nutzer ist einer dieser armen Schlucker, die sich mit Pornos das Leben versauen. Ein Nicht-Nutzer ist jemand, der das nicht tut. Wenn du diese endgültige Entscheidung getroffen hast, hast du dein Ziel bereits erreicht. Freu dich darüber, blas kein Trübsal und warte nicht darauf, dass die chemische Sucht verschwindet. Geh raus und genieße das Leben sofort. Das Leben ist wunderbar, auch wenn du süchtig bist, und jeder Tag wird so viel besser, wenn du es nicht bist.

Der Schlüssel dazu, dass dir der Ausstieg leicht fällt, ist die Gewissheit, dass es dir gelingen wird, während der Entzugszeit (maximal drei Wochen) vollständig abstinent zu bleiben. Wenn du die richtige Geisteshaltung hast, wird dir das lächerlich leicht fallen.

Wenn du, wie zu Beginn gefordert, deinen Geist dafür geöffnet hast, wirst du bereits beschlossen haben, dass du dem entfliehen willst. Du solltest dich jetzt aufgeregt fühlen wie ein Hund, der an der Leine zerrt und es kaum erwarten kann, die Wasserrutschen der DeltaFosB-Pornografie zu durchbrechen. Wenn du ein Gefühl der Niedergeschlagenheit hast, dann aus einem der folgenden Gründe:

1. Irgendetwas ist in deinem Kopf nicht richtig angekommen. Lies die oben genannten fünf Punkte noch einmal und frage dich, ob du sie für wahr hältst. Wenn du an einem Punkt zweifelst, lies die entsprechenden Abschnitte des Buches noch einmal.

2. Du hast Angst vor dem Scheitern selbst. Mach dir keine Sorgen, lies einfach weiter und du wirst Erfolg haben. Das ganze Geschäft mit Internetpornografie ist ein Vertrauenstrick von gigantischem Ausmaß. Intelligente Menschen fallen auf Vertrauenstricks herein, aber nur ein Narr, der den Trick einmal durchschaut hat, macht sich weiter etwas vor.

3. Du stimmst mit allem überein und bist trotzdem unglücklich. Das muss nicht sein! Mach die Augen auf - etwas Wunderbares

geschieht. Du bist dabei, aus dem Gefängnis zu fliehen, da ist es wichtig, dass du mit der richtigen Einstellung beginnst: *"Es ist wunderbar, dass ich ein Nichtnutzer bin!"*

Alles, was jetzt noch zu tun ist, ist, dich während der Entzugszeit in dieser Denkweise zu halten, und in den nächsten Kapiteln geht es um konkrete Punkte, die dir das ermöglichen. Nach der Entziehungskur musst du nicht mehr so denken, du wirst es automatisch tun und das einzige Rätsel in deinem Leben wird sein, warum du es vorher nicht erkannt hast. Doch zwei wichtige Warnungen.

- Verschiebe deinen Plan, deinen letzten Besuch zu machen, auf nachdem du das Buch beendet hast.

- Eine Entzugszeit von bis zu drei Wochen wurde schon oft erwähnt, was zu Missverständnissen führen kann. Erstens hast du vielleicht unbewusst das Gefühl, dass du drei Wochen lang leiden musst. Das musst du aber nicht. Zweitens solltest du nicht in die Falle tappen und denken: *"Irgendwie muss ich drei Wochen lang abstinent bleiben, dann wird es mir schon gut gehen."* Nach drei Wochen wird nichts Magisches passieren, du wirst dich nicht plötzlich wie ein Nicht-Konsument fühlen, die fühlen sich auch nicht anders als die Konsumenten. Wenn du in den drei Wochen Trübsal bläst, weil du aufhören willst, wirst du höchstwahrscheinlich auch nach den drei Wochen noch Trübsal blasen. Zusammenfassend lässt sich sagen: Wenn du jetzt sagen kannst, *"Ich werde nie wieder Pornografie schauen, ist das nicht wunderbar?"*, wird nach drei Wochen jede Versuchung verschwinden. Wenn du hingegen sagst: *"Wenn ich nur diese drei Wochen ohne Pornografie überleben kann."*, wirst du dich nach Ablauf der drei Wochen nach einem Haremsbesuch sehnen.

Betrachte es mal so: Dein Gehirn will den Status quo beibehalten.

Wenn du also glaubst, dass du etwas Gutes verlierst, wenn du aufhörst, wirst du dich natürlich schrecklich fühlen. Es ist unmöglich, dich zu zwingen, dich auf eine bestimmte Art und Weise zu fühlen, wenn dein Gehirn nicht daran glaubt. Deshalb ist es wichtig, dass du dir die Mühe machst, dich von der Illusion zu befreien, dass Pornografie dir überhaupt irgendetwas gibt. Nur so weißt du, dass du nichts opferst.

Sexuelle Funktionsstörungen haben viel mit deinem Gehirn und deiner Denkweise zu tun. Internetpornografie schaltet den Belohnungskreislauf deines Gehirns um und lässt dich an dir selbst zweifeln. Diese Selbstzweifel führen zu sexueller Dysfunktion. Wenn du oben Lust hast, aber unten keine Erregung verspürst, ist das das Schlimmste, was deinem Verstand passieren kann. Libido geht Hand in Hand mit Romantik und ist das Elixier der Jugend, das du bis zu deinem Tod haben kannst. Du hältst die Wahrscheinlichkeit hoch, indem du aufhörst, aber das ist nicht der einzige oder größte Gewinn.

Es ist deine Freiheit von der Sklaverei.

21 Die Entzugsperiode

Bis zu drei Wochen nach deiner letzten Sitzung kannst du unter Entzugserscheinungen leiden, die aus zwei ganz unterschiedlichen Faktoren bestehen.

1. Dopamin-Entzugserscheinungen, dieses leere, unsichere Gefühl, das dem Hunger ähnelt, das als Heißhunger oder ein "Ich muss etwas tun"-Gefühl bezeichnet wird.

2. Psychologische Auslöser bestimmter äußerer Reize wie Werbung, Online-Surfen, Telefongespräche usw.

Wenn du diese beiden Faktoren nicht verstehst und nicht unterscheidest, ist es schwierig, mit der Willenskraftmethode Erfolg zu haben, und das ist der Grund, warum viele, die es schaffen, wieder in die Falle tappen. Obwohl die Dopamin-Entzugserscheinungen keine körperlichen Schmerzen verursachen, solltest du ihre Kraft nicht unterschätzen. Wir sprechen von "Hungerschmerzen", wenn wir einen Tag lang nichts gegessen haben; vielleicht knurrt der Magen, aber es gibt keine körperlichen Schmerzen. Trotzdem ist der Hunger eine starke Kraft und wir werden wahrscheinlich sehr gereizt, wenn wir keine Nahrung haben. Es ist ähnlich, wie wenn sich unser Körper nach einem Dopaminrausch sehnt, nur mit dem Unterschied, dass unser Körper Nahrung braucht und kein Gift. Mit der richtigen Einstellung sind die Entzugserscheinungen leicht zu überwinden und verschwinden sehr schnell.

Nach ein paar Tagen Abstinenz mit der Willenskraft-Methode verschwindet das Verlangen nach Dopaminschüben schnell wieder.

Es ist der zweite Faktor, die Gehirnwäsche, der Schwierigkeiten bereitet. Der Nutzer hat sich angewöhnt, seine Entzugserscheinungen zu bestimmten Zeiten und Anlässen zu lindern, was zu einer Assoziation von Gedanken führt (*"Ich habe einen Ständer, also muss ich Pornos schauen."* oder *"Ich liege mit meinem Laptop im Bett und muss eine Sitzung haben, um mich glücklich zu fühlen"*). Der Effekt lässt sich am besten mit einem Beispiel veranschaulichen: Du hast ein Auto und der Blinker ist links, bei deinem nächsten ist er rechts. Du weißt, dass er rechts ist, aber ein paar Wochen lang schaltest du die Scheibenwischer ein, wenn du blinken willst.

Beim Anhalten ist es ähnlich: In den ersten Tagen wird der Auslösemechanismus zu bestimmten Zeiten aktiviert. Deshalb ist es wichtig, der Gehirnwäsche von Anfang an entgegenzuwirken, damit diese Anzeichen und Auslöser schnell verschwinden. Bei der Willenskraftmethode bläst der Nutzer Trübsal, weil er glaubt, dass er ein Opfer bringt, und wartet darauf, dass der Drang nachlässt - weit davon entfernt, diese Auslöser zu beseitigen und sie sogar zu verstärken. Ähnlich verhält es sich mit dem Guru-Denken: Der Nutzer fragt sich, wann er zum Gott wird, und verlangt sogar, dass er diese Gedanken nicht haben darf, was den Weg für Selbsthass und Versagen ebnet.

Ein häufiger Auslöser ist das Alleinsein, besonders bei gesellschaftlichen Veranstaltungen mit Freunden. Der Ex-Konsument, der andere Methoden anwendet, ist bereits unglücklich, weil er seiner üblichen Stütze oder seines Vergnügens beraubt ist. Ihre Freunde sind mit ihren Partnern zusammen und verhalten sich intim. Der Nutzer ist entweder Single oder 'bekommt' aus irgendeinem Grund nichts von seinem Partner und genießt nun nicht mehr, was eigentlich ein angenehmer gesellschaftlicher Anlass sein sollte. Die vorhandenen Wasserrutschen im Gehirn führen sie zu Pornos, was einfacher ist, als ihren Partner zu umwerben.

Da sie den Anspruch auf Sex mit ihrem Wohlbefinden verbinden, erleiden sie nun einen dreifachen Schlag und die Gehirnwäsche wird sogar noch verstärkt. Wenn sie entschlossen sind und lange genug durchhalten können, akzeptieren sie schließlich ihr Schicksal und machen mit ihrem Leben weiter. Ein Teil der Gehirnwäsche bleibt jedoch bestehen. Der zweitschlimmste Aspekt ist, dass der Nutzer zwar aufgehört hat, sich aber auch nach mehreren Jahren noch bei bestimmten Gelegenheiten nach "einem letzten Besuch im Harem" sehnt. Sie sehnen sich nach einer Illusion, die nur in ihrem Kopf existiert und quälen sich unnötig.

Selbst unter EasyPeasy ist das Reagieren auf Auslöser das häufigste Versagen. Der Ex-Nutzer neigt dazu, Internetpornos als eine Art

Placebo oder Zuckerpille zu betrachten. Er denkt: *"Ich weiß, dass Pornos nichts für mich tun, aber wenn ich denke, dass sie es tun, dann werden sie bei bestimmten Gelegenheiten hilfreich sein."* Auch wenn eine Zuckerpille keine tatsächliche körperliche Hilfe bietet, kann sie eine starke psychologische Hilfe sein, um echte Symptome zu lindern, und ist daher ein Vorteil. Internetpornos und gewohnheitsmäßige Selbstbefriedigung sind jedoch keine Zuckerpillen. Warum? Pornos erzeugen die Symptome, die sie lindern, und hören auf, sie vollständig zu lindern.

Es ist vielleicht einfacher, die Wirkung bei einem Nichtkonsumenten oder einem Konsumenten zu verstehen, der mehrere Jahre lang erfolgreich aufgehört hat. Nimm den Fall eines Nutzers, der seinen Partner verliert. In solchen Momenten ist es durchaus üblich, mit den besten Absichten zu sagen: *"Geh doch mal in den Harem, das wird dich beruhigen."* Wenn du das Angebot annimmst, wird es keine beruhigende Wirkung haben, denn es gibt keine

Dopaminabhängigkeit und damit auch keine Entzugserscheinungen. Im besten Fall wird es ihnen nur einen kurzen psychologischen Schub geben.

Auch nach der Sitzung ist die ursprüngliche Tragödie noch da. Sie wird sogar noch verstärkt, weil die Person jetzt unter Entzugserscheinungen leidet und die Wahl hat, ob sie es aushält oder die Wasserrutschen wiederholt, um die Kette des Elends von vorne zu beginnen. Alles, was die Pornos gebracht haben, war ein flüchtiger psychologischer Schub, den auch ein Buch oder ein guter Film hätte bringen können, selbst ein schlechter. Viele Nichtnutzer und

ExNutzer sind durch solche Erlebnisse wieder süchtig geworden. Mach dir das ganz klar vor Augen: Du brauchst den Dopaminrausch nicht und quälst dich nur noch mehr, wenn du ihn weiterhin als eine Art Stütze oder Ansporn betrachtest. Es gibt keinen Grund, unglücklich zu sein.

Orgasmen machen keine guten Beziehungen aus; meistens ruinieren sie sie sogar. Denke auch daran, dass es nicht ganz stimmt, dass diejenigen, die ihre Zuneigung öffentlich zeigen, jede Gelegenheit genießen. Intimität genießt man am besten im Privaten, wo die Partner ohne Peinlichkeit reagieren können. Du musst kein orgasmusbedingter Dopamin-Süchtiger sein. Wenn er das natürliche Ergebnis einer Reihe von Lebensereignissen ist, ist das in Ordnung, aber genieße die Gelegenheit und das Leben ohne ihn.

Da sie Pornos an sich nicht als angenehm empfinden, denken viele Nutzer: *"Wenn es doch nur 'saubere' Internetpornos gäbe."* Es gibt saubere Softpornos, aber wer sie ausprobiert, stellt schnell fest, dass sie Zeitverschwendung sind. Mach dir klar, dass der einzige Grund, warum du Pornos konsumierst, der Dopaminrausch ist. Sobald du das Dopaminverlangen nach Pornos los bist, hast du kein Bedürfnis mehr, deinen Online-Harem zu besuchen.

Egal, ob die Entzugserscheinungen auf tatsächliche DopaminEntzugserscheinungen oder auf Trigger- und Auslösemechanismen zurückzuführen sind, akzeptiere sie. Der körperliche Schmerz ist nicht vorhanden und mit der richtigen Einstellung wird es auch kein Problem sein. Mach dir keine Sorgen über den Entzug, das Gefühl selbst ist nicht schlimm. Das Problem ist die Assoziation mit dem Verlangen und dem Gefühl der Verweigerung. Anstatt Trübsal zu blasen, erkenne es an: *"Ich weiß, was das ist, das ist der Entzugsschmerz von Pornos. Darunter leiden Nutzer ihr ganzes Leben lang und bleiben süchtig. Nicht-Nutzer leiden nicht unter diesen Schmerzen, das ist ein weiteres der vielen Übel dieser verlogenen Sucht. Es ist wunderbar, dass ich dieses Übel aus meinem Gehirn vertreibe!"*

Mit anderen Worten: In den nächsten drei Wochen wirst du ein leichtes Trauma in deinem Körper haben, aber während dieser Wochen und für den Rest deines Lebens wird etwas Wunderbares passieren. Du wirst dich von einer schrecklichen Krankheit befreien, wobei der Bonus das leichte Trauma mehr als aufwiegt und du die Entzugserscheinungen sogar genießen kannst. Sie werden zu Momenten des Vergnügens, wie ein aufregendes Spiel, um den pornografischen Bandwurm, der in deinem Magen lebt, auszuhungern. Du musst ihn drei Wochen lang aushungern, während er versucht, dich ins Bett zu locken, um ihn am Leben zu erhalten.

Manchmal wird er versuchen, dich unglücklich zu machen.

Manchmal wirst du unvorbereitet erwischt. Du bekommst eine Porno-URL oder stolperst im Internet über etwas und vergisst, dass du aufgehört hast, ein leichtes Gefühl der Entbehrung, wenn du dich daran erinnerst. Bereite dich auf diese Tricks im Voraus vor. Egal, wie groß die Versuchung auch sein mag, mach dir klar, dass sie nur wegen des Monsters in deinem Körper da ist und dass du jedes Mal, wenn du der Versuchung widerstehst, einen weiteren moralischen Schlag im Kampf ausgeteilt hast.

Was auch immer du tust, versuche nicht, die Pornos zu vergessen.

Das ist einer der Gründe, warum PMOler, die die

Willenskraftmethode anwenden, stundenlang in Depressionen versinken. Sie versuchen, jeden Tag zu überstehen, in der Hoffnung, dass sie es irgendwann einfach vergessen werden. Es ist wie mit dem Nicht-Schlafen-Können: Je mehr du dir Gedanken darüber machst, desto schwieriger wird es. In den ersten Tagen wird dich das "kleine Monster" immer wieder daran erinnern und du wirst nicht in der Lage sein, es zu vermeiden. Solange es noch Laptops, Smartphones und Zeitschriften gibt, wirst du ständig daran erinnert.

Der Punkt ist, dass du es nicht vergessen musst, denn es passiert nichts Schlimmes. Es passiert etwas Wunderbares, auch wenn du tausendmal am Tag daran denkst. **Genieße jeden Moment und**

erinnere dich daran, wie wunderbar es ist, wieder frei zu sein. Erinnere dich an die pure Freude darüber, dass du dich nicht mehr quälen musst. Wie schon gesagt, wirst du feststellen, dass die Qualen zu Momenten der Freude werden und du wirst überrascht sein, wie schnell du die Pornos dann vergisst.

Was auch immer du tust: *Zweifle nicht an deiner Entscheidung.* Sobald du anfängst zu zweifeln, wirst du anfangen, Trübsal zu blasen, und es wird noch schlimmer. Nutze stattdessen den Moment des Trübsal blasens und wandle ihn in einen Ansporn um. Wenn die Ursache eine Depression ist, dann erinnere dich daran, dass es das ist, was der Porno mit dir gemacht hat. Wenn du von einem Freund eine URL weitergeleitet bekommst, sagst du voller Stolz: *"Ich bin froh, dass ich das nicht mehr brauche.* Das wird sie verletzen, aber wenn sie sehen, dass es dich nicht stört, sind sie schon halbwegs bereit, sich dir anzuschließen.

Erinnere dich daran, dass du unglaublich gute Gründe hast, damit aufzuhören. Erinnere dich an die Kosten und frage dich, ob du wirklich riskieren willst, dass dein Körper und dein Geist versagen und du unter einem Bann stehst. Sei achtsam gegenüber den Bemühungen des kleinen Monsters, die Gefahren zu minimieren, und vor allem: Denke daran, dass das Gefühl nur vorübergehend ist und jeder Moment ein Moment näher an deinem Ziel ist.

Manche Nutzer befürchten, dass sie den Rest ihres Lebens damit verbringen müssen, die "automatischen Auslöser" rückgängig zu machen. Mit anderen Worten, sie glauben, dass sie sich ihr Leben lang mit Hilfe von Psychologie vormachen müssen, dass sie keine Pornos brauchen. Das stimmt nicht, denn der Optimist sieht die Flasche als halb voll und der Pessimist als halb leer. Im Fall der Pornografie ist die Flasche leer und der Nutzer sieht sie als voll an. Es gibt keine Vorteile, Internetpornos zu nutzen. Es ist der Nutzer, der durch eine Gehirnwäsche davon überzeugt wurde. Wenn du dir erst einmal sagst, dass du keinen Orgasmus brauchst, wenn du Pornos benutzt, brauchst du es bald gar nicht mehr zu sagen, weil du die schöne

Wahrheit selbst siehst. Es ist das Letzte, was du tun musst; sorge dafür, dass es nicht das Letzte ist, was du tust.

22 Nur einmal kurz reingucken

Das ist das Verhängnis vieler, die die Willenskraftmethode anwenden. Sie halten drei oder vier Tage durch und gönnen sich dann den einen oder anderen Blick, um sich über Wasser zu halten. Sie sind sich nicht bewusst, welch verheerende Auswirkungen das auf ihre Moral hat.

Für die meisten Nutzer war der erste Blick in den Harem der Webseite nicht so gut wie der Sex mit einer echten Person. Die Clips, die sauber sind, sind rar gesät, und ihr Bewusstsein bekommt Aufwind. Sie denken: *"Gut, das war alles in allem nicht ganz so toll. Ich werden das Verlangen los und stehe auch nicht so auf das schockierende Zeug."* In Wirklichkeit ist das Gegenteil der Fall. Sei dir bewusst dass die Freude am Orgasmus nicht der Grund war, warum du mit Pornografie aufgehört hast. Wenn es dir nur um den Orgasmus ginge, würdest du sich nie mehr als einen Clip ansehen.

Der einzige Grund, warum du Pornografie brauchtest, war das Füttern dieses kleinen Monsters. Stell dir vor, wie wertvoll dieser eine Blick für dich gewesen sein muss, nachdem du vier Tage lang ausgehungert warst. Dein Bewusstsein ist sich dessen nicht bewusst, aber den Fix, den dein Körper erhalten hat, wird an dein Unterbewusstsein weitergegeben und all deine gute Vorbereitung wird untergraben. Eine kleine Stimme in deinem Hinterkopf sagt dir, dass die Sitzungen entgegen aller Logik wertvoll sind und du noch eine haben willst.

Dieser kleine Blick hat zwei schädliche Auswirkungen:

1. Es hält das kleine Monster in deinem Körper am Leben.

2. Schlimmer noch, es hält das große Monster in deinem Kopf am Leben. Wenn du einen 'Letzten Blick' hattest, ist es einfacher, den nächsten zu haben.

Pornografie ist eine Mausefalle ohne Käse, nur mit Gift. Mit Willenskraft musst du dich davon überzeugen, nicht nach dem Käse zu greifen, aber mit EasyPeasy kannst du sehen, dass es Gift ist. Du musst sie nicht meiden, du gehst einfach nicht hinein.

Und denke vor allem daran:

'Nur ein Blick' ist der Grund, warum Menschen überhaupt erst in die Sucht geraten.

23 Wird es für mich schwerer sein?

Es gint eine unendliche Kombination an Faktoren die bestimmen, wie leicht jeder einzelne Nutzer aufhören wird. Zunächst einmal hat jeder von uns seinen eigenen Charakter, seine Karriere, seine persönlichen Umstände, sein Timing, seinen Metabolismus usw. Bestimmte Berufe können es schwerer machen als andere, aber vorausgesetzt dass die Gehirnwäsche entfernt ist, muss das nicht so sein. Betrachte die folgenden paar Beispiele.

Für Angehörige der medizinischen Berufe ist es manchmal schwierig. Wir denken, dass es für Ärztinnen und Ärzte einfacher sein sollte, weil sie sich der Auswirkungen bewusster sind, aber obwohl das zwar gewichtigere Gründe für das Aufhören liefert, macht es es nicht einfacher. Die Gründe sind die folgenden:

1. Das ständige Bewusstsein der gesundheitlichen Risiken erzeugt Angst, eine der Bedingungen, unter denen wir Entzugserscheinungen lindern müssen.

2. Die Arbeit eines Arztes ist äußerst stressig und sie sind normalerweise nicht in der Lage, den zusätzlichen Stress der Entzugserscheinungen während der Arbeit zu lindern.

3. Sie leiden zusätzlich unter Schuldgefühlen und haben das Gefühl, dass sie ein Vorbild für den Rest der Bevölkerung sein sollten.
   Das setzt sie noch mehr unter Druck und verstärkt das Gefühl der Entbehrung.

Wenn nach einem harten Arbeitstag der Stress kurzzeitig durch einen Pornoclip abgebaut wird, wird diese Sitzung fälschlicherweise mit der erlebten Erleichterung in Verbindung gebracht. Aufgrund dieser falschen Assoziation erntet die Pornografie dafür die Lorbeeren und wird plötzlich sehr wertvoll, wenn man aufhört und

Entzugserscheinungen durchmacht. Das ist eine Form des Gelegenheitskonsumenten und trifft auf jede Situation zu, in der der Konsument gezwungen ist, über längere Zeit abstinent zu bleiben. Bei der Willenskraftmethode fühlt sich der Nutzer unglücklich, weil er denkt ihm fehlt etwas, und die angenehme Müdigkeit und der Schlaf, die nach einer Sitzung auftraten, treten nicht mehr auf. Das Gefühl des Verlustes wird stark vergrößert. Wenn du jedoch zuerst die Gehirnwäsche und das Trübsalblasen in Bezug auf Pornografie beseitigen kannst, können die Pause und der Schlaf auch dann noch genossen werden, wenn der Körper sich nach den Amintransmittern - Serotonin, Noradrenalin und Dopamin - sehnt.

Eine weitere schwierige Situation ist Langeweile, vor allem wenn sie mit Stressphasen verbunden ist. Typische Beispiele sind Studenten und Alleinerziehende, deren Arbeit stressig und eintönig ist. Während des Versuchs, mit der Willenskraftmethode aufzuhören, kann der Alleinstehende lange Zeit über seinen "Verlust" Trübsal blasen, was das Gefühl der Depression verstärkt. Aber auch das lässt sich leicht überwinden, wenn du die richtige Einstellung hast. Mach dir keine Sorgen, dass du ständig daran erinnert wirst, dass du mit der Pornografie aufgehört hast. Nutze solche Momente, um dich über den Fakt zu freuen, dass du dich von dem bösen Monster befreit hast.

Wenn du eine positive Einstellung hast, werden diese Schmerzen zu Momenten der Freude. Denke daran, dass es jedem Nutzer unabhängig von Alter, Geschlecht, Intelligenz oder Beruf leicht fallen kann, aufzuhören, wenn **er alle Anweisungen befolgt.**

23.1 Hauptgründe fürs Scheitern

Es gibt zwei Hauptgründe für das Scheitern. Der erste ist der Einfluss von äußeren Reizen - ein Werbespot, ein OnlineNachrichtenartikel, das Surfen im Internet, usw. In einem schwachen Moment oder auch bei gesellschaftlichen Anlässen wird jemand mit seinem Partner intim. Dieses Thema haben wir bereits ausführlich besprochen. Nutze den Moment, um dich daran zu erinnern, dass es so etwas wie "Nur-einen-Besuch" oder "Nur-einenBlick" **nicht** gibt. Freue dich darüber, dass du die Kette der geistigen Sklaverei durchbrochen hast. Denke daran, dass der Nutzer DICH beneidet und du Mitleid mit IHM haben solltest - denn er hat es nötig.

Der andere Grund ist, dass du einen schlechten Tag hast. Mach dir bewusst, dass es gute und schlechte Tage gibt, egal ob du ein Nutzer bist oder nicht. Es regnet sowohl für den Papst als auch für den Mörder. Das Leben ist relativ und du kannst keine Höhen ohne Tiefen haben. Das Problem bei der Willenskraftmethode ist, dass der Nuzer, sobald er einen schlechten Tag hat, Trübsal bläst und den "Harem" aufsuchen will, was das Problem noch verschlimmert. Der Nicht-Nutzer ist besser gerüstet, um mit Stress und Belastungen umzugehen, nicht nur körperlich, sondern auch mental. Wenn du während der Entzugsphase einen schlechten Tag hast, nimm ihn einfach hin und erinnere dich daran, dass es auch schlechte Tage gab, als du süchtig warst, sonst hättest du dich nicht entschieden, aufzuhören. Anstatt Trübsal zu blasen, solltest du sie anerkennen: *"Okay, heute ist es nicht so gut, aber Pornografie wird das nicht heilen. Morgen wird es besser sein und ich habe einen tollen Bonus: Ich habe diese schreckliche Sucht besiegt."*

Wenn du ein Pornografienutzer bist, musst du deinen Verstand vor den negativen Seiten der Pornografie verschließen.

Pornografienutzer haben nie Hirnnebel, sie sind nur "ein bisschen down". Wenn du die unvermeidlichen Probleme des Lebens durchlebst und einen Gedanken der dich nach Pornografie sehnen lässt - bist du da glücklich und fröhlich? Natürlich bist du das nicht. Wenn du einma laufgehört hast, neigst du dazu, alles, was schief läuft, auf die Tatsache zu schieben, dass du aufgehört hast.

Wenn dich die Arbeit stresst, denkst du: *"In solchen Zeiten hätte ich eine Sitzung gehabt."* Das stimmt, aber dabei vergisst du, dass die Pornografie das Problem nicht gelöst hat und du dich nur selbst bestrafst, indem du Trübsal bläst und nach illusorischen Krücken suchst. Du schaffst eine unmögliche Situation: Du bist unglücklich, weil du nicht zu Pornos masturbieren kannst, aber du wirst noch unglücklicher, wenn du es tust. Du weißt, dass du mit dem Aufhören die richtige Entscheidung getroffen hast, also warum bestrafst du dich, indem du an deiner Entscheidung zweifelst?

Denke daran, dass eine positive mentale Einstellung wichtig ist immer.

24 Ersatz

Zum Ersatz gehören z.B. die Beschränkung auf Pornomagazine, statische Bilder, Porno-Diäten usw. **VERWENDE NICHTS DAVON.** Sie machen es schwieriger, nicht einfacher. Wenn du einen Impuls bekommst und Ersatz verwendest, verlängert das den Impuls und macht es noch schwieriger. Was du dir damit sagst, ist, dass du Pornografie brauchst, um die Leere zu füllen. Das ist so, als würdest du dem Wutanfall eines Entführers oder eines Kindes nachgeben und so die Folter verlängern. Auf jeden Fall wird der Ersatz die Sehnsucht nicht lindern. Dein Verlangen ist nach bestimmten Neurotransmittern im Gehirn, die dich nur dazu bringen, weiter an Pornografie zu denken. Erinnere dich an folgendes:

1. Es gibt keinen Ersatz für Pornos.

2. Du brauchst keine Pornografie. Es ist kein Essen, es ist Gift.

   Wenn die Entzugserscheinungen kommen, erinnere dich daran, dass es die Konsumenten sind, die unter Entzugserscheinungen leiden, nicht die Nichtkonsumenten. Sieh sie als das, was sie sind: ein weiteres Übel der Droge. Sieh sie als den Tod eines Monsters.

3. Internetpornografie schafft die Leere, sie füllt sie nicht. Je schneller du deinem Gehirn beibringst, dass du sie nicht sehen musst, desto schneller wirst du frei sein. Vermeide vor allem alles, was Pornografie ähnelt, z. B. Männermagazine, Filme, Romane und Werbespots. Das heißt nicht, dass du verschlossen bist. Es ist okay, über Romantik und Sex zu reden, aber nicht über Pornografie. Es gibt immer einen Weg, um herauszufinden, wann und wo man unterscheiden kann. Es stimmt, dass ein kleiner Teil der Nutzer, die versuchen, mit Softcore-Pornografie oder Porno-Diäten aufzuhören, (aus ihrer Sicht) erfolgreich sind und ihren Erfolg auf diese Art von

Konsum zurückführen. Aber sie hören *trotz* ihres Konsums auf und nicht deswegen. Es ist bedauerlich, dass viele diese Maßnahmen immer noch empfehlen.

Das ist nicht überraschend, denn wenn du die Pornofalle nicht ganz verstehst, klingt eine Diät oder ein weniger starker Ersatz sehr logisch. Sie basiert auf der Annahme, dass du zwei mächtige Feinde zu besiegen hast, wenn du versuchst, mit Pornografie aufzuhören:

- Die Gewohnheit brechen.

- Die schrecklichen körperlichen Entzugserscheinungen überleben.

Wenn du zwei mächtige Feinde zu besiegen hast, ist es sinnvoll, sie nicht gleichzeitig zu bekämpfen, sondern einen nach dem anderen. Die Theorie besagt also, dass du, wenn du zum ersten Mal mit dem Pornografiekonsum aufhörst, ihn auf einmal pro Woche reduzierst oder sichere Pornos benutzt. Sobald die Gewohnheit gebrochen ist, reduzierst du schrittweise die Lieferungen und bekämpfst so jeden Feind einzeln.

Das klingt logisch, basiert aber auf falschen Informationen.

Pornografiekonsum ist keine Gewohnheit, sondern eine Dopaminsucht, und der tatsächliche körperliche Schmerz beim Entzug ist fast nicht spürbar. Was du erreichen willst, wenn du aufhörst, ist, beide Monster in deinem Körper und deinem Gehirn so schnell wie möglich auszuschalten. Alles, was die Ersatztechniken bewirken, ist, das Leben des kleinen Monsters zu verlängern und damit auch die Gehirnwäsche zu verlängern. EasyPeasy macht es dir leicht, sofort auszusteigen und die Gehirnwäsche vor deiner letzten Sitzung abzuschalten. Das kleine Monster wird bald tot sein und selbst während es stirbt, wird es kein größeres Problem darstellen als zu deiner Zeit als Nutzer.

Überleg mal, wie kannst du die Sucht nach einer Droge heilen, indem du dieselbe Droge empfiehlst? Es gibt viele Geschichten im Internet, die mit Hardcore-Internetpornografie aufgehört haben, aber nach "sicheren" Alternativen süchtig sind, weil sie auf die

Rechtfertigungen ihres kleinen Monsters hereingefallen sind. Lass dich nicht davon täuschen, dass die sicheren Pornos nicht furchtbar sind - das war der erste Highspeed-Clip auch nicht. Jeder Ersatz hat genau die gleiche Wirkung wie jeder Porno. Manche fangen sogar an zu essen, aber obwohl das leere Gefühl, eine Sitzung zu wollen, nicht vom Hunger nach Essen zu unterscheiden ist, wird das eine das andere nicht befriedigen. Wenn es etwas gibt, das dich dazu bringt, Pornografie zu wollen, dann ist es, dich mit Essen vollzustopfen. Wie bereits erklärt, bringen dich Porno-Diäten und sichere Pornografie nur in die Mitte des Tauziehens, wobei der Widerstand gegen die Versuchung so lästig ist, dass du dich erleichtert fühlen wirst, wenn du deinen Lieblings-Online-Harem besuchst.

Das Hauptübel des Ersatzes ist die Verlängerung des eigentlichen Problems, der Gehirnwäsche. Brauchst du einen Ersatz für die Grippe, wenn sie vorbei ist? Natürlich brauchst du das nicht. Wenn du sagst, dass du einen Ersatz für Pornografie brauchst, heißt das in Wirklichkeit, dass du denkst, dass du ein Opfer bringst. Die Depression, die mit der Willenskraft-Methode einhergeht, wird durch die Tatsache verursacht, dass der Nutzer glaubt, ein Opfer zu bringen. Dabei tauschst du nur ein Problem gegen ein anderes aus. Es macht keinen Spaß, sich mit Essen, Zigaretten oder Alkohol vollzustopfen. Du wirst nur fett und unglücklich, und im Handumdrehen bist du wieder auf der Droge.

Gelegenheitskonsumenten können sich nur schwer von dem Glauben verabschieden, dass sie ihrer kleinen Belohnung beraubt werden, z.B. wenn sie während einer Reise oder eines Familienfestes eine Zeit lang nicht online gehen dürfen. Manche sagen: *Ich wüsste nicht, wie ich mich entspannen könnte, wenn es keine Pornos gäbe.*" Das beweist es - die Pause wird oft nicht deshalb eingelegt, weil der Nutzer sie braucht oder sogar will, sondern weil der Süchtige (und das ist er) unbedingt das Bedürfnis hat, das Jucken zu kratzen.

Denk daran, dass die Pornografiesitzungen nie eine echte Belohnung waren. Sie waren so, als würde man enge Schuhe tragen, um das Vergnügen zu haben, sie auszuziehen. Wenn du also das Gefühl hast, dass du eine kleine Belohnung brauchst, dann lass genau das dein Ersatz sein: Zieh während der Arbeit ein Paar Schuhe oder Unterwäsche an, die eine Nummer zu klein sind, und erlaube dir nicht, sie auszuziehen, bis du deine Pause hast, um dann den wunderbaren Moment der Entspannung und Befriedigung zu erleben, wenn sie ausgezogen sind. Vielleicht denkst du, dass das ziemlich dumm wäre. Da hast du völlig Recht. Es ist schwer, sich das vorzustellen, während man noch in der Falle sitzt, aber genau das tun die Nutzer. Es ist auch schwer, sich vorzustellen, dass du diese kleine "Belohnung" bald nicht mehr brauchst und die Freunde, die noch in der Falle sitzen, mit echtem Mitleid betrachtest und dich fragst, warum sie es nicht verstehen.

Wenn du dir jedoch weiterhin vormachst, dass der Besuch im Online-Harem eine echte Belohnung war oder dass du einen Ersatz brauchst, wirst du dich unglücklich fühlen und so, als würdest du etwas aufgeben. Die Chancen stehen gut, dass du am Ende wieder in die ekelhafte Falle tappst. Wenn du eine echte Pause brauchst, wie es Hausfrauen, Lehrerinnen und Lehrer, Ärztinnen und Ärzte und andere Berufstätige tun, wirst du diese Pause bald noch mehr genießen, weil du dich nicht abhängig machen musst. Denke daran, dass du keinen Ersatz brauchst. Die Heißhungerattacken sind ein Verlangen nach Dopamin und werden bald verschwunden sein. Lass das für die nächsten Tage deine Stütze sein und genieße es, deinen Körper und deinen Geist von Sklaverei und Abhängigkeit zu befreien.

25 Sollte ich Situationen der Versuchung vermeiden?

Die Ratschläge waren bisher direkt und haben dich gebeten, sie als Anweisungen und nicht als Vorschläge zu betrachten. Es gibt gute, praktische Gründe für diese Ratschläge, und diese Gründe wurden durch Tausende von Fallstudien untermauert. Bei der Frage, ob man versuchen soll, der Versuchung zu entgehen, ist das nicht der Fall. Das muss jeder für sich selbst entscheiden. Es gibt jedoch zwei hilfreiche Vorschläge, die dir bei diesem Prozess helfen können. Es ist die Angst vor zukünftigen Entzugserscheinungen, die uns für den Rest unseres Lebens dazu bringt, Pornos zu benutzen, und diese Angst besteht aus zwei unterschiedlichen Phasen.

Phase Eins - *"Wie kann ich ohne Pornos überleben?"*

Diese Angst ist das panische Gefühl, das der Nutzer bekommt, wenn er Single ist oder einen asexuellen, uninteressierten oder nicht verfügbaren Partner hat. Die Angst wird nicht durch die Entzugserscheinungen verursacht, sondern ist eine psychologische Angst vor Abhängigkeit, ohne Sex und Orgasmus nicht überleben zu können. Sie erreicht ihren Höhepunkt, wenn du kurz davor bist aufzuhören, wenn deine Entzugserscheinungen am geringsten sind. Es ist die Angst vor dem Unbekannten, die Art von Angst, die Menschen haben, wenn sie tauchen lernen.

Das Sprungbrett ist nur einen Meter hoch, aber es scheint, als wäre es sechs Fuß hoch. Das Wasser ist drei Meter tief, aber es scheint nur einen Meter tief zu sein. Es erfordert Mut, zu springen, obwohl du davon überzeugt bist, dass du dir den Kopf zerschmettern wirst. Der Start ist der schwierigste Teil, wenn du den Mut dazu findest, ist der Rest leicht! Das erklärt, warum viele willensstarke Nutzer nie versucht haben aufzuhören oder nur ein paar Tage überleben, wenn sie es doch tun. Es gibt sogar einige Nutzer, die eine Porno-Diät machen und nach der Entscheidung, aufzuhören, schneller ins "Binge"-Schauen und härtere Clips verfallen, als wenn sie sich nicht entschieden hätten, aufzuhören. Diese Entscheidung löst Panik aus, die stressig ist und den Auslöser für einen Ausflug in den Harem darstellt. Aber jetzt kannst du keinen haben, was zu Gedanken der Entbehrung und noch mehr Stress führt.

Der Auslöser wird schnell aktiv, wenn die Lunte durchbrennt und du den Browser startest. Keine Sorge, die Panik ist nur psychologisch bedingt. Es ist die Angst, von der du abhängig bist. Die schöne Wahrheit ist, dass du das nicht bist, auch wenn du noch süchtig bist. Gerate nicht in Panik und springe ab.

Phase zwei - Langfristige Furcht

Die zweite Phase ist langfristig und beinhaltet die Angst, dass bestimmte Situationen in der Zukunft nicht mehr angenehm sein werden oder dass du ein Trauma ohne Pornos nicht mehr bewältigen kannst. Keine Sorge, wenn du springst, wirst du feststellen, dass das Gegenteil der Fall ist. Das Vermeiden der Versuchung selbst lässt sich in zwei Kategorien einteilen.

1. *Ich werde mir eine Porno-Diät von einmal in vier Tagen auferlegen. Ich werde mich sicherer fühlen, wenn ich weiß, dass ich online gehen kann, wenn es schwierig wird. Wenn ich versage, ist das in Ordnung, dann füge ich einfach weitere Tage zu meinem nächsten Zyklus hinzu.*

Die Misserfolgsquote bei Menschen, die das tun, ist viel höher als bei denen, die ganz aufhören. Das liegt vor allem daran, dass es

in der Entzugszeit, wenn du einen schlechten Moment hast, leicht ist, in den Browser zu hüpfen und den Harem mit den oben genannten Ausreden zu besuchen. Wenn du die

Demütigung hast, deine eigenen Regeln eindeutig zu brechen wie eine zerbrochene Glasscheibe, ist es wahrscheinlicher, dass du die Versuchung überwinden kannst. In jedem Fall wäre der Schmerz wahrscheinlich schon vergangen, wenn du es aufgeschoben hättest. Der Hauptgrund für die hohe

Misserfolgsquote in diesen Fällen ist jedoch, dass sich der Nutzer nicht von vornherein dazu verpflichtet fühlte, aufzuhören. Denke daran, dass die beiden wichtigsten Voraussetzungen für den Erfolg sind:

- Gewissheit.
- *"Ist es nicht herrlich, dass ich keine Pornos mehr brauche?"*

In jedem Fall, warum in aller Welt brauchst du eine Sitzung?

Wenn du immer noch deinen Harem besuchen musst, lies das Buch noch einmal. Das bedeutet, dass irgendetwas noch nicht richtig geklickt hat. Nimm dir die Zeit, das große GehirnwäscheMonster in deinem Kopf komplett auszumerzen.

2. *"Sollte ich stressige oder gesellschaftliche Anlässe während der Entzugszeit vermeiden?"*

Im Falle von Stresssituationen, ja. Es macht keinen Sinn, sich übermäßig unter Druck zu setzen. Bei gesellschaftlichen Ereignissen, wie Bars oder Clubs, ist der Ratschlag umgekehrt. Geh raus und genieße es einfach. Du brauchst keinen Sex oder die Fortpflanzungsseite von Sex, selbst wenn du pornosüchtig bist. Geh raus und genieße die Tatsache, dass du keinen Sex oder die Fortpflanzungsseite von Sex haben musst. Das wird dir schnell die schöne Wahrheit beweisen, dass das Leben ohne diesen Druck so viel besser ist. Stell dir nur vor, wie viel besser es sein wird, wenn das kleine Monster dich verlassen hat, zusammen mit diesen hilfsbedürftigen Gedanken.

26 Der Aha!-Moment

Meist innerhalb von drei Wochen nach dem Ausstieg erleben ExKonsumenten den Aha!-Moment. Der Himmel scheint heller zu werden und es ist der Moment, in dem die Gehirnwäsche vollständig aufhört. Anstatt dir einzureden, dass du keine Pornos mehr sehen musst, wird dir plötzlich klar, dass der letzte Faden gerissen ist und du den Rest deines Lebens genießen kannst, ohne es jemals wieder zu brauchen. An diesem Punkt fängst du normalerweise auch an, die Nutzer mitleidig zu betrachten.

Diejenigen, die mit der Willenskraft-Methode aufhören, erleben diesen Moment normalerweise nicht, denn obwohl sie froh sind, nicht mehr abhängig zu sein, gehen sie weiter durchs Leben und glauben, dass sie ein Opfer bringen. Je länger du süchtig warst, desto schöner ist dieser Moment und er hält ein Leben lang an. Es gibt zwar viele Freuden im Leben, aber es ist unmöglich, das eigentliche Gefühl wiederzuerlangen. Die Freude, keine Pornos mehr anschauen zu müssen, ist eine andere. Wenn du dich schlecht fühlst und einen Schub brauchst, erinnere dich daran, wie schön es ist, nicht mehr von dieser schrecklichen Sucht abhängig zu sein. Viele nennen es das schönste Ereignis in ihrem Leben. In den meisten Fällen findet der Aha!-Moment nicht nach drei Wochen, sondern nach ein paar Tagen statt.

In meinem eigenen Fall geschah es, bevor ich meinen letzten Haremsbesuch beendet hatte. Ich bin mir sicher, dass viele der Leserinnen und Leser hier, noch bevor sie das Ende der Kapitel erreicht haben, etwas sagen würden wie: *"Du brauchst kein weiteres Wort zu sagen. Ich sehe alles so deutlich vor mir, dass ich weiß, dass ich nie wieder Pornos brauchen werde."* Nach den Rückmeldungen, die wir erhalten haben, kommt das häufig vor. Im Idealfall, wenn du alle Anweisungen befolgst und die Psychologie vollständig verstehst, sollte es dir sofort gelingen.

Zwar heißt es, dass es etwa fünf Tage dauert, bis ein spürbarer körperlicher Entzug schwindet, und etwa drei Wochen, bis ein ExUser völlig frei ist, aber solche Richtlinien können zwei Probleme verursachen. Das erste ist, dass den Menschen suggeriert wird, dass sie zwischen fünf Tagen und drei Wochen lang leiden müssen. Das zweite ist, dass der Ex-Konsument dazu neigt, zu denken: *"Wenn ich fünf Tage oder drei Wochen überlebe, kann ich am Ende dieses Zeitraums einen echten Schub erwarten."*

Es kann aber sein, dass sie fünf angenehme Tage oder drei angenehme Wochen haben, auf die dann katastrophale Tage folgen, die jeden treffen und die nichts mit der Sucht zu tun haben, sondern durch andere Faktoren in unserem Leben verursacht werden. Dann erlebt unser Ex-Konsument, der auf den Aha!-Moment wartet, stattdessen eine Depression. Das könnte sein Selbstvertrauen zerstören. Umgekehrt könnte der Ex-Konsument, wenn es keine Richtlinien gäbe, den Rest seines Lebens damit verbringen, darauf zu warten, dass nichts passiert. So ergeht es der großen Mehrheit derer, die mit der Willenskraftmethode aufhören.

Die Menschen fragen oft nach der Bedeutung der fünf Tage und drei Wochen. Sind das einfach Zeiträume, die aus heiterem Himmel festgelegt wurden? Nein, sie sind zwar keine festen Daten, aber sie spiegeln eine Ansammlung von Rückmeldungen im Laufe der Jahre wider. Ungefähr fünf Tage nach dem Aufhören ist der Zeitpunkt, an dem der Ex-Konsument aufhört, die Sucht als Hauptbeschäftigung zu sehen. Die meisten Ex-Konsumenten erleben in dieser Zeit eine Offenbarung, in der Regel in stressigen oder sozialen Situationen, die ohne einen Haremsbesuch nicht mehr zu bewältigen oder zu genießen waren. Plötzlich merkst du, dass du nicht nur Spaß daran hast oder damit klarkommst, sondern dass dir der Gedanke an Pornos gar nicht in den Sinn gekommen ist. Von diesem Punkt an ist es normalerweise ganz einfach. In diesem Moment weißt du, dass du frei bist.

Ich habe die Erfahrung gemacht, dass die meisten ernsthaften Versuche, mit der Willenskraftmethode aufzuhören, nach etwa drei Wochen scheitern. In der Regel merkst du nach etwa drei Wochen, dass du die Lust am Pornoschauen verloren hast. Du musst es dir selbst beweisen, also springst du in den Browser und besuchst deinen Harem. Es ist ein komisches Gefühl, zu beweisen, dass du es geschafft hast. Aber dabei schmierst du dank des frischen Dopaminrausches, nach dem sich dein Körper in den letzten drei Wochen gesehnt hat, die DeltaFosB-Wasserrutsche erneut. Sobald du die Tat vollbracht hast, verlässt das Dopamin deinen Körper. Jetzt sagt eine kleine Stimme: *"Du hast es nicht geschafft, du willst noch einen Kick."*

Du rennst nicht sofort zurück, weil du nicht wieder süchtig werden willst, sondern lässt eine sichere Zeit verstreichen. Wenn du das nächste Mal in Versuchung gerätst, kannst du dir dann sagen: *"Na ja, ich bin nicht wieder süchtig geworden, also kann es nicht schaden, noch eine zu haben."* Dann bist du schon auf dem besten Weg, den Abhang hinunterzurutschen. Der Schlüssel zum Problem ist nicht, auf den Aha!-Moment zu warten, sondern zu erkennen, dass es vorbei ist, sobald du den Browser schließt. Du hast die Sauerstoffzufuhr zu deinem kleinen Monster unterbrochen. Keine Macht der Welt kann dich daran hindern, frei zu sein, außer du bläst

Trübsal oder wartest auf den Aha!-Moment. Geh hin und genieße das Leben; bewältige es von Anfang an. Auf diese Weise wirst du bald den Moment erleben.

Nachdem du dich für ein Timing entschieden hast, bist du bereit, deinen Harem ein letztes Mal zu besuchen. Bevor du das tust, überprüfe die beiden wichtigsten Dinge.

1. Bist du dir des Erfolgs sicher?

2. Hast du ein Gefühl der Untergangsstimmung oder ein Gefühl der Aufregung, dass du etwas Großartiges erreichen wirst?

Wenn du irgendwelche Zweifel hast, lies das Buch noch einmal.

Erinnere dich daran, dass du dich nie dafür entschieden hast, in die Pornofalle zu tappen, aber die Falle ist so konstruiert, dass sie dich ein Leben lang versklavt. Um ihr zu entkommen, musst du die positive Entscheidung treffen, dass du jetzt aufhören und deinen letzten Besuch machen wirst.

Vergiss nicht, dass du dieses Buch bisher nur gelesen hast, weil du am liebsten ausbrechen würdest. Triff also jetzt eine positive Entscheidung, indem du dir feierlich schwörst, dass du deinen Harem nie wieder besuchen wirst, wenn du dein privates Browserfenster schließt, egal ob es dir leicht oder schwer fällt. Vielleicht machst du dir Sorgen, dass du dieses Gelübde schon mehrmals abgelegt hast und immer noch versagst, oder dass du ein schreckliches Trauma durchmachen musst. Keine Angst, das Schlimmste, was passieren kann, ist, dass du versagst, denn du hast *absolut nichts* zu verlieren und so viel zu gewinnen.

Aber hör auf, über das Scheitern nachzudenken. Die schöne Wahrheit ist, dass es nicht nur lächerlich einfach ist, aufzuhören, sondern dass du den Prozess sogar genießen kannst. Dieses Mal wirst du EasyPeasy benutzen! Alles, was du tun musst, ist, den einfachen Anweisungen zu folgen, die du gleich erhältst.

1. Lege jetzt den feierlichen Schwur ab und meine es ernst.

2. Durchstöbere die Bilder und Clips auf deiner Lieblings-Tubeseite ganz bewusst, betrachte die verzweifelten Versuche der Seitenbetreiber, Schauspieler und sogar Amateure, den Schock, die Neuartigkeit und den übernormalen Charakter ihrer Ware zu verstärken und frage dich, wo das Vergnügen bleibt.

3. Wenn du den Browser schließlich schließt, tue dies nicht mit einem Gefühl von *"Ich darf nie wieder einen online Harem besuchen"* oder *"Ich darf keinen anderen besuchen"*, sondern mit einem Gefühl von Freiheit, wie *"Ist das nicht toll? Ich bin*

frei! Ich bin nicht länger ein Sklave der Pornos! Ich muss nie wieder in meinem Leben diese schmutzigen Seiten besuchen."

4. Sei dir bewusst, dass es für ein paar Tage einen kleinen PornoSaboteur in deinem Bauch geben wird. Vielleicht nimmst du nur das Gefühl wahr, dass du eine Sitzung willst. Das kleine Pornomonster wird als das leichte körperliche Verlangen nach Dopamin bezeichnet. Streng genommen ist das falsch und es ist wichtig zu verstehen, warum. Weil es bis zu drei Wochen dauert, bis das kleine Monster stirbt, glauben Ex-Nutzer, dass das kleine Monster auch nach dem letzten Online-Harem-Besuch weiter nach Dopamin verlangt und sie deshalb Willenskraft aufwenden müssen, um der Versuchung in dieser Zeit zu widerstehen. Das stimmt nicht, denn der Körper sehnt sich nicht nach dem durch Pornos ausgelösten Dopamin. Nur das Gehirn sehnt sich nach Dopamin.

Wenn du in den nächsten Tagen das Gefühl bekommst, einen Blick darauf werfen zu wollen, hat dein Gehirn eine einfache Wahl. Es kann dieses Gefühl entweder als das interpretieren, was es tatsächlich ist - ein leeres, unsicheres Gefühl, das durch den ersten Besuch einer Online-Pornoseite ausgelöst wurde und bei jedem weiteren Besuch aufrechterhalten wird, indem du dir sagst:

"YIPPEE! ICH BIN EIN NICHT-NUTZER!"

Oder du fängst an, dich nach Pornos zu sehnen und leidest für den Rest deines Lebens. Denk doch mal einen Moment nach, wäre das nicht unglaublich dumm? Zu sagen: *"Ich will nie wieder Pornos sehen"* und dann den Rest deines Lebens damit zu verbringen, zu sagen: /textit"Ich würde gerne mal einen sehen"? Das ist es, was diejenigen tun, die die Willenskraftmethode anwenden. Kein Wunder, dass sie sich so elend fühlen. Sie verbringen den Rest ihres Lebens damit, verzweifelt Trübsal zu blasen für etwas, von dem sie hoffen, dass sie es nie bekommen werden. Kein Wunder, dass so wenige von ihnen

Erfolg haben und die wenigen, die es schaffen, sich nie völlig frei fühlen.

Es ist nur das Zweifeln und Warten, das es schwierig macht, aufzuhören, also zweifle nie an deiner Entscheidung, denn du weißt, dass sie richtig ist. Wenn du anfängst, daran zu zweifeln, bringst du dich selbst in eine ausweglose Situation. Du sehnst dich elendig nach einem Besuch, kannst ihn aber nicht bekommen. Egal, welches System du verwendest, was willst du erreichen, wenn du mit Pornos aufhörst? Nie wieder zu schauen? Nein! Viele Ex-Nutzer tun das, aber sie gehen mit dem Gefühl der Entbehrung durch den Rest ihres Lebens.

Was ist der Unterschied zwischen Nutzern und Nichtnutzern? NichtNutzer haben kein Bedürfnis oder Verlangen, Pornos zu schauen, sie haben kein Verlangen und müssen keine Willenskraft aufbringen, um sie nicht zu schauen. Das ist es, was du erreichen willst, und es liegt ganz in deiner Macht, das zu tun. Du musst nicht warten, bis du kein Verlangen mehr nach Pornos hast oder ein Nichtnutzer wirst. Das ist in dem Moment erledigt, in dem du die letzte Browsersitzung schließt und die Dopaminversorgung unterbrichst: **DU BIST**

BEREITS EIN GLÜCKLICHER NICHT-NUTZER!

Du bleibst ein glücklicher Nicht-Nutzer, solange du:

1. Du zweifelst nie an deiner Entscheidung.

2. Du wartest nicht darauf, ein Nichtnutzer zu werden. Wenn du das tust, wartest du nur darauf, dass nichts passiert und baust eine Phobie auf.

3. Du versuchst nicht, nicht an Pornos zu denken oder auf den "Aha!-Moment" zu warten, wodurch du eine Phobie entwickelst.

4. Du verwendest keine Ersatzstoffe.

5. Du siehst alle anderen Nutzer so, wie sie wirklich sind, und bemitleidest sie, anstatt sie zu beneiden.

Egal, ob es gute oder schlechte Tage sind, ändere dein Leben nicht, nur weil du aufgehört hast. Wenn du das tust, bringst du ein echtes Opfer, obwohl es gar nicht nötig ist. Denke daran, dass du das Leben nicht aufgegeben hast. Du hast nichts aufgegeben. Im Gegenteil, du hast dich von einer schrecklichen Krankheit geheilt und bist aus einem heimtückischen Gefängnis entkommen. Wenn die Tage vergehen und sich deine körperliche und geistige Gesundheit verbessert, werden dir die Hochs höher und die Tiefs weniger tief erscheinen als zu der Zeit, als du ein Nutzer warst. Wann immer du in den nächsten Tagen oder für den Rest deines Lebens an Pornos denkst, denke dies:

"YIPPEE! ICH BIN EIN NICHT-NUTZER!"

27 Eine letzte Warnung

Kein Nutzer, der die Chance hat, mit dem Wissen, das er jetzt hat, in die Zeit zurückzukehren, bevor er süchtig wurde, würde sich dafür entscheiden, wieder anzufangen. Zehntausende, die jahrelang erfolgreich aufhören, führen ein glückliches Leben, nur um dann wieder in die Falle zu tappen. Ich vertraue darauf, dass dieses Buch dir helfen wird, relativ leicht aufzuhören. Aber sei gewarnt: Wem es leicht fällt, aufzuhören, dem fällt es auch leicht, wieder anzufangen **tappe nicht in diese Falle.**

Egal, wie lange du aufgehört hast oder wie sicher du bist, dass du nie wieder süchtig wirst, mach dir zur Lebensregel, keine Pornos zu schauen, egal aus welchem Grund. Widerstehe den Anspielungen und Andeutungen in den Medien und erinnere dich daran, wie sie ihr Image der "Offenheit" pushen, indem sie Pornos in den Mainstream bringen, ohne zu erkennen, dass Pornos, Internetpornos und zwanghafte Masturbation für eine große Anzahl von Männern und einige Frauen ein Killer von Beziehungen und des persönlichen Wohlbefindens sind.

Vergiss nicht, dass der erste Blick oder Besuch nichts für dich bedeutet. Du wirst keine Entzugserscheinungen haben, die du lindern kannst, und du wirst dich schrecklich fühlen. Was er jedoch bewirkt, ist ein Dopaminrausch in deinem Kopf und deinem Gehirn, und eine kleine Stimme in deinem Hinterkopf wird dir sagen, dass du einen weiteren willst. Dann hast du die Wahl, eine Weile unglücklich zu sein oder die ganze schmutzige Kette von vorne zu beginnen.

28 Feedback

Der Krieg richtet sich nicht gegen die Nutzer, sondern gegen die Falle der Pornoindustrie, und er wird aus dem einfachen Grund geführt, weil es mir Spaß macht. Jedes Mal, wenn ich von einem Nutzer höre, der aus dem Gefängnis ausbricht, erfüllt mich das mit ungeheurer Freude. Aber dieses Vergnügen geht nicht ohne erhebliche Frustration einher, die hauptsächlich von zwei Kategorien von Pornonutzern verursacht wird. Trotz der Warnung im vorigen Kapitel bin ich immer wieder überrascht von der Zahl derer, denen es leicht fällt, aufzuhören, die aber später süchtig werden und feststellen, dass sie es beim nächsten Mal nicht schaffen.

Es ist, als würde man jemanden finden, der bis zum Hals in einem Sumpf steckt und kurz davor ist, unterzugehen. Du hilfst, ihn herauszuziehen, und er ist dankbar, aber sechs Monate später taucht er wieder in den Sumpf ein. Ein besonderes Problem stellen Nutzer dar, denen es leicht fällt, aufzuhören und wieder anzufangen:

"BITTE, BITTE, MACH NICHT DEN SELBEN FEHLER. Sie glauben, dass solche Menschen wieder anfangen, weil sie immer noch süchtig sind und ihnen das Dopamin fehlt. Tatsächlich fällt es ihnen so leicht aufzuhören, dass sie ihre Angst vor Pornos verlieren. Sie denken: *"Ich kann eine gelegentliche Session haben, selbst wenn ich wieder süchtig werde, fällt es mir leicht, aufzuhören."*

Ich fürchte, so funktioniert das nicht. Es ist leicht, mit Pornos aufzuhören, aber unmöglich, die Sucht zu kontrollieren. Das Einzige, was wichtig ist, um mit Pornos aufzuhören, ist, sie nicht zu benutzen.

Die andere Kategorie von frustrierten Nutzern sind diejenigen, die zu ängstlich sind, um den Versuch zu unternehmen, aufzuhören, oder

wenn sie es doch tun, ist es ein großer Kampf. Die Hauptschwierigkeiten scheinen die folgenden zu sein:

Angst vor dem Scheitern

Scheitern ist keine Schande, aber es nicht zu versuchen, ist schlichtweg Dummheit. Sieh es doch mal so: Du versteckst dich vor nichts. Das Schlimmste, was dir passieren kann, ist, dass du scheiterst, aber dann bist du nicht schlechter dran als jetzt. Denk einfach daran, wie schön es wäre, wenn du Erfolg hast. Wenn du es nicht versuchst, hast du das Scheitern bereits garantiert.

Angst vor Schmerzen und dem Unglücklichsein

Mach dir keine Gedanken darüber, sondern denke einfach: Was könnte dir Schlimmes passieren, wenn du nie wieder Pornos schaust? Absolut nichts. Schreckliche Dinge werden passieren, wenn du es doch tust, lies noch einmal die Notizen zu Pascals Wette. Auf jeden Fall wird die Panik durch Dopamin ausgelöst und ist bald wieder weg. Der größte Gewinn ist, diese Angst loszuwerden. Glaubst du wirklich, dass die Nutzer bereit sind, schwindende Penetrationen, unzuverlässige sexuelle Leistungen oder die Orgasmusfreude, die sie aus Pornos kennen, in Kauf zu nehmen? Wenn du merkst, dass du in Panik gerätst, hilft dir tiefes Atmen. Wenn du mit anderen Menschen zusammen bist und sie dich fertig machen, flüchte vor ihnen und geh in die Garage, ein leeres Büro oder sonst wohin.

Wenn dir zum Weinen zumute ist, brauchst du dich nicht zu schämen. Weinen ist die natürliche Art, Spannungen abzubauen. Niemand hat sich je ausgeweint, ohne sich danach besser zu fühlen. Eines der schrecklichen Dinge, die wir jungen Männern antun, ist, sie darauf zu konditionieren, nicht zu weinen. Du kannst sehen, wie sie versuchen, die Tränen zurückzuhalten, aber beobachte, wie der Kiefer knirscht. Wir bringen uns selbst bei, keine Gefühle zu zeigen, aber wir sollen sie nicht in uns hineinfressen. Schrei, brülle oder hab einen Wutanfall. Tritt etwas. Betrachte deinen Kampf als einen Boxkampf, den du nicht verlieren kannst. Niemand kann die Zeit anhalten und mit jedem Moment, der vergeht, schwindet das kleine Monster in dir. Genieße deinen unausweichlichen Sieg.

Den Anweisungen nicht folgen.

Unglaublich, dass einige Nutzer sagen, dass die Methode bei ihnen nicht funktioniert hat. Dann beschreiben sie, wie sie nicht nur eine Anweisung, sondern praktisch alle ignoriert haben. Der Übersichtlichkeit halber sind diese Punkte am Ende dieses Kapitels in einer Checkliste zusammengefasst.

Missverständnis von Anweisungen

Die Hauptprobleme scheinen folgende zu sein:

"Ich kann nicht aufhören, an Pornos zu denken."

Natürlich kannst du das nicht und wenn du es versuchst, entwickelst du eine Phobie und wirst unglücklich. Es ist wie der Versuch, nachts einzuschlafen: Je mehr du es versuchst, desto schwieriger wird es. Es ist egal, ob du neunzig Prozent deines Lebens an Pornos denkst, wichtig ist, was du denkst. Wenn du denkst: "Oh, ich liebe es, Pornos anzuschauen" oder "Wann werde ich frei sein?", wirst du unglücklich sein. Wenn du stattdessen denkst: *"YIPPEE! Ich bin frei!"*, wirst du glücklich sein.

"Wann wird das kleine Pornomonster sterben?"

Der Dopaminrausch verlässt deinen Körper sehr schnell, aber es ist unmöglich zu sagen, wann dein Körper nicht mehr unter dem leichten körperlichen Gefühl des Dopaminentzugs leiden wird. Dieses leere, unsichere Gefühl ist identisch mit normalem Hunger, Depressionen oder Stress. Alles, was Pornos tun, ist, das Level davon zu erhöhen. Deshalb sind sich Nutzer, die mit der Willenskraftmethode aufhören, nie ganz sicher, ob sie es geschafft haben, auch wenn ihr Körper nicht mehr unter Dopamin-Entzug leidet. Wenn sie unter normalem Hunger oder Stress leiden, sagt ihnen ihr Gehirn immer noch, dass dies ein triftiger Grund ist, ihren Anspruch auf eine Sitzung geltend zu machen. Der Punkt ist, dass du nicht darauf warten musst, dass das Verlangen verschwindet. Es ist so gering, dass wir es gar nicht bemerken, sondern nur als ein Gefühl des Verlangens wahrnehmen. Wenn du den Zahnarzt verlässt, wartest du dann, bis dein Kiefer nicht mehr schmerzt? Natürlich nicht, du machst einfach weiter mit deinem Leben. Auch wenn dein Kiefer immer noch schmerzt, freust du dich.

Warte nicht darauf, dass die Entzugserscheinungen verschwinden, denn du erzeugst Zweifel, indem du dich ständig fragst: *"Wie lange wird das dauern? Bin ich überhaupt frei, wenn ich mich nicht anders fühle?"* Die Angst ist der eigentliche Schmerz, deshalb erzeugt das Warten darauf, dass das Leben nach dem Aufhören besser wird, Zweifel. Der Entzug ist nicht spürbar, es sei denn, du hast Angst davor. Die exponentiellen Verbesserungen in der Neurologie sind langsam, wenn du also darauf wartest, dass du dich anders fühlst, wird es sich so anfühlen, als würde nichts passieren, was Zweifel erzeugt.

Auf den Aha!-Moment warten

Wenn du auf ihn wartest, verursachst du nur eine weitere Phobie. Ich habe einmal drei Wochen lang mit der Willenskraftmethode aufgehört. Bei einem Gespräch mit einem alten Freund fragte er mich, wie ich vorankomme.

Ich sagte: *"Ich habe drei Wochen überlebt."*
Er fragte: *"Was meinst du damit, du hast drei Wochen überlebt?"*
Ich klärte ihn auf: *"Ich habe drei Wochen ohne Pornos überlebt."* Er sagte: *"Was willst du denn machen? Den Rest deines Lebens überleben? Worauf wartest du noch, du hast es geschafft. Du bist ein Nicht-Nutzer."*

Ich dachte: *"Er hat völlig recht, worauf warte ich noch?"* Leider war ich mangels Verständnis für die Falle bald wieder drin, aber ich habe mir den Punkt gemerkt. Wenn du deinen Browser schließt, wirst du zu einem Nicht-Nutzer. Das Wichtigste ist, dass du von Anfang an ein glücklicher Nicht-Nutzer bist.

"Ich habe immer noch Lust auf Pornos."

Dann bist du sehr dumm. Wie kannst du behaupten, dass du ein Nicht-Nutzer sein willst, und dann sagen, dass du Pornos willst? Das ist ein Widerspruch. Wenn du sagst, dass du Pornos willst, sagst du damit, dass du ein Nutzer sein willst. Nicht-Nutzer wollen die ekelhaften Tube-Seiten nicht besuchen. Du weißt bereits, was du sein willst, also hör auf, dich zu bestrafen.

"Ich habe mich aus dem Leben verabschiedet."

Warum? Du musst nur aufhören, dich selbst zu töten und stattdessen anfangen, Energie zu tanken. Du musst nicht im Geringsten aufhören zu leben. Es ist ganz einfach: In den nächsten paar Tagen wirst du ein leichtes Trauma in deinem Leben haben.

Dein Körper wird fast unmerklich unter dem Entzug von Ansprüchen und Forderungen nach einem Dopaminschub leiden. Aber bedenke: Du bist nicht schlechter dran als vorher. Darunter hast du dein ganzes Leben lang gelitten, jedes Mal, wenn du geschlafen hast, in der Kirche, im Supermarkt oder in der Bibliothek. Es schien dich nicht zu stören, als du ein Nutzer warst. Wenn du nicht aufhörst, wirst du für den Rest deines Lebens darunter leiden.

Pornos und Orgasmen schaffen keine Gelegenheiten, sie nehmen sie dir weg. Auch wenn dein Körper noch nach Dopamin verlangt, sind Mahlzeiten und gesellschaftliche Anlässe wunderbar. Das Leben ist wunderbar, geh zu gesellschaftlichen Anlässen, auch wenn dort nackte Tänzerinnen sind. Denke daran, dass nicht du beraubt wirst, sondern sie. Jeder Einzelne von ihnen wäre gerne in deiner Lage, wenn sie es nur wüssten. Genieße es, die Primadonna zu sein und im Mittelpunkt der Aufmerksamkeit zu stehen. Mit Pornos aufzuhören ist ein wunderbares Gesprächsthema, weil du dir ein geheimes Vergnügen gönnst, das sie nicht haben. Deine Freunde und Kollegen werden überrascht sein, dass du, der früher schüchtern und müde aussah, jetzt glücklich und fröhlich bist. Du wirst das Leben von Anfang an genießen. Es gibt keinen Grund, Anmachkünstler auf Partys zu beneiden, sie werden dich beneiden - wenn sie es nur wüssten.

"Ich bin unglücklich und reizbar."

Das ist das Nichtbefolgen von Anweisungen. Finde heraus, um welche es sich handelt. Manche Menschen verstehen und glauben alles, was geschrieben steht, haben aber trotzdem das Gefühl, als würde etwas Schreckliches passieren. Du tust nicht nur das, was du gerne tun würdest, sondern auch das, was jeder Nutzer auf dem Planeten möchte. Bei jeder Methode des Aufhörens versucht der ExKonsument, eine bestimmte Geisteshaltung zu erreichen, sodass jeder Gedanke an Pornos zu einem *"YIPPEE! ICH BIN FREI!"* wird. Wenn das dein Ziel ist, warum dann noch warten? Fange mit dieser Einstellung an und verliere sie nie wieder, es gibt keine Alternative.

"Ich hatte eine gute Woche / einen guten Monat / ein gutes halbes Jahr, aber ich bin wieder in der Falle."

Denk daran, dass die Angst selbst der Schmerz ist. Wenn du einem Schmerz nachgibst, erzeugt das noch mehr Angst, füttert das geschwächte kleine Monster und führt dazu, dass der Nicht-Nutzer denkt, er sei für immer süchtig. In Wirklichkeit hat sich ihre Vorstellung von der Gehirnwäsche nicht geändert, aber sie haben den Gedankenprozess mit Dopamin versorgt. Das ist per Definition ein Vorwärtsfallen, aber ein Versagen, den Anweisungen zu folgen.

Finde welche im Folgenden und freue dich:

29 Die Prüfliste

Wenn du diese Anweisungen befolgst, kannst du nicht scheitern:

1. Lege einen feierlichen Schwur ab, dass du niemals, niemals, online gehen wirst, um deinen Harem zu besuchen *Oder* dich mit statischen Bildern zufrieden geben *Oder* Frieden schließen mit erotischen Grafiken *Oder* allem, was übernormale Reize enthält, und halte dich an deinen Schwur.

2. Mach dir das klar: Es gibt absolut nichts, was du aufgeben musst. Damit ist nicht gemeint, dass du als Nicht-PMOer besser dran bist (das wusstest du schon die ganze Zeit); auch nicht, dass es zwar keinen rationalen Grund gibt, warum du PMO machst, du aber trotzdem ein Vergnügen oder eine Krücke davon hast, sonst würdest du es nicht tun. Gemeint ist, dass es *kein echtes Vergnügen oder eine Krücke beim PMOing gibt.* Es ist nur eine Illusion, so wie wenn du deinen Kopf gegen eine Wand schlägst, um Freude zu empfinden, wenn du aufhörst.

3. So etwas wie einen eingefleischten PMOer gibt es nicht. Du bist nur einer von Millionen, die auf die subtile Falle hereingefallen sind. Wie Millionen anderer Ex-PMOer, die einst dachten, sie könnten nicht entkommen, bist auch du entkommen.

4. Wenn du zu irgendeinem Zeitpunkt in deinem Leben die Vorund Nachteile von PMO abwägen müsstest, würde die überwältigende Schlussfolgerung immer lauten: *"Hör auf damit. Du bist ein Idiot!"* Daran wird sich nie etwas ändern. Das war schon immer so und wird immer so bleiben. Wenn du eine Entscheidung getroffen hast, von der du weißt, dass sie richtig ist, darfst du dich nicht mit Zweifeln quälen. Die Pascalsche Wette mit keiner Chance auf Verluste, hohen Chancen auf

Gewinne und hohen Chancen auf die Vermeidung von Verlusten trifft perfekt auf PMO zu.

5. Versuche nicht, nicht an Pornos zu denken, oder mache dir Sorgen, dass du ständig daran denkst. Wann immer du daran

denkst, ob heute, morgen oder für den Rest deines Lebens, denke

"YIPPEE! Ich bin ein Nicht-PMOer!"

6. **Verwende keine** Form von Ersatz. **Habe keinen** Laptop neben dir, wenn du schläfst. **Vermeide keine** Spiele, Filme oder Zeitschriften. Verändere deinen Lebensstil in **keiner** Weise, nur weil du aufgehört hast. Wenn du die oben genannten Anweisungen befolgst, wirst du bald den 'Aha!- Moment' erleben, aber:

7. Warte nicht auf den 'Aha!-Moment'. Mache einfach weiter mit deinem Leben, genieße die Höhen und meistere die Tiefen. Du wirst feststellen, dass der Moment im Handumdrehen kommen wird.

30 Hilf denen auf dem Sinkenden Schiff

Pornonutzer sind heutzutage in Panik, weil sie spüren, dass sich die Art und Weise, wie Internetpornos von Männern und Frauen wahrgenommen werden, verändert. Der Suchtcharakter von

Internetpornos wird von immer mehr Menschen untersucht und zu Recht als etwas anderes als die traditionelle Pornografie angesehen.

Die Leichtigkeit und Verfügbarkeit lässt sogar die Herzen der Pornofans höher schlagen. Sie spüren auch, dass ihr Kreuzzug für Rede- und Gedankenfreiheit von verschiedenen Elementen unterwandert wird. Der wilde Westen des unkontrollierten Internets macht es fast unmöglich, Altersbeschränkungen für außergewöhnliche Reize durchzusetzen. Es wird zwar nicht so bald ein Ende haben, aber Tausende von Nutzern hören auf, und die meisten Süchtigen sind sich der Studien bewusst, die Ähnlichkeiten zwischen Pornos und Drogensucht aufzeigen. Jedes Mal, wenn ein Nutzer das sinkende Schiff verlässt, fühlen sich die Verbliebenen noch elender.

Jeder Nutzer weiß instinktiv, dass es lächerlich ist, sich selbst zu sabotieren und Zeit vor zweidimensionalen Pixeln zu verbringen, die das Gehirn überfluten und Hirnwasserrutschen entwickeln, die schlechte sexuelle Leistungen garantieren. Wenn du es immer noch nicht für albern hältst, versuche mal, mit einem Pornomagazin zu reden, das im Zentrum deiner Stadt steht, und frage dich, was der Unterschied ist. Nur einen. So bekommst du nicht den Genuss von

Wärme und Intimität. Wenn du aufhören kannst, jedes Mal Alkohol und Zigaretten zu kaufen, wenn du einkaufen gehst, kannst du definitiv auch aufhören, deinen Online-Harem zu besuchen. Nutzer können keinen rationalen Grund für das Anschauen von Pornos finden, aber wenn es jemand anderes tut, kommen sie sich nicht ganz so dumm vor.

Die Drogenkonsumenten lügen nicht nur gegenüber Forschern und anderen, sondern vor allem gegenüber sich selbst. Das müssen sie auch, denn die Gehirnwäsche ist unerlässlich, wenn sie ihre Selbstachtung bewahren wollen. Sie haben das Bedürfnis, ihre "Angewohnheit" nicht nur vor sich selbst, sondern auch vor Nichtkonsumenten zu rechtfertigen. Sie werben ständig mit subtileren Mitteln für die illusorischen Vorteile von Pornos.

Wenn ein Nutzer mit der Willenskraftmethode aufhört, fühlt er sich immer noch beraubt und neigt dazu, zu jammern. Das bestätigt den anderen Nutzern nur, wie richtig es ist, weiter zu konsumieren. Wenn es dem Ex-Konsumenten gelingt, von der Sucht loszukommen, ist er dankbar, dass er sich nicht mehr selbst sabotieren oder Energie verschwenden muss. Sie haben es nicht nötig, sich zu rechtfertigen. Sie sitzen nicht da und sagen, wie toll es ist, keine Pornos mehr zu benutzen, nur wenn sie gefragt werden, aber nie vom Nutzer selbst. Vergiss nicht, dass es die Angst ist, die den Kopf in den Sand steckt und das eigene Verhalten erst dann in Frage stellt, wenn man aufhört. Hilf dem Nutzer, indem du ihm diese Ängste nimmst. Sag ihnen, wie wunderbar es ist, nicht in einem Gefängnis leben zu müssen, wie schön es ist, morgens aufzuwachen und sich fit und gesund zu fühlen, anstatt energielos und selbstverachtend zu sein, wie wunderbar es ist, von der Sklaverei befreit zu sein, das Leben in vollen Zügen genießen zu können und die schwarzen Schatten los zu sein. Oder noch besser: Bring sie dazu, dieses Buch zu lesen.

Es ist wichtig, einen verheirateten User nicht herabzusetzen, indem man ihm unterstellt, dass er seine Beziehung absichtlich ruiniert oder in irgendeiner Weise betrügt oder unsauber ist. Es ist ein weit verbreiteter Irrglaube, dass der Ex-Nutzer in dieser Hinsicht der Schlimmste ist. Diese Vorstellung ist zwar nicht ganz unberechtigt, aber in der Regel liegt es an der Willenskraft aufzuhören. Weil der Ex-Konsument, obwohl er die Sucht überwunden hat, immer noch einen

Teil der Gehirnwäsche in sich trägt, glaubt ein Teil von ihm, dass er ein Opfer gebracht hat. Sie fühlen sich verletzlich und ihr natürlicher Verteidigungsmechanismus besteht darin, den Pornokonsumenten anzugreifen.

Das mag dem Ex-Nutzer helfen, aber dem Nutzer hilft es nicht. Das Einzige, was es bewirkt, ist, dass sie sich noch erbärmlicher fühlen und ihr Bedürfnis nach Pornos noch größer wird. Auch wenn die veränderte Haltung der medizinischen Einrichtungen gegenüber Internetpornos der Hauptgrund dafür ist, dass viele Nutzer aufhören, macht es das nicht einfacher. Im Gegenteil, es wird dadurch viel schwieriger. Die meisten Nutzer glauben heutzutage, dass sie vor allem aus gesundheitlichen Gründen aufhören. Das ist aber nicht ganz richtig.

Obwohl das enorme Gesundheitsrisiko natürlich ein großer Ansporn für den Ausstieg sein sollte, sabotieren die Nutzer ihre Potenz schon seit Jahren und es hat nicht den geringsten Unterschied gemacht. Der Hauptgrund, warum die Nutzer aufhören, ist, dass die Gesellschaft beginnt, Pornos als das zu erkennen, was sie sind: Drogensucht. Der Genuss war immer eine Illusion, diese Einstellung nimmt die Illusion weg, so dass dem Nutzer nichts mehr bleibt. Viele Partner würden jetzt Fragen stellen, wenn du mitten in der Nacht an deinem Laptop sitzt.

Vollständige Pornoverbote in einigen Ländern oder die Nichtverfügbarkeit des Internets sind klassische Beispiele für das Dilemma des reisenden Nutzers. Der Nutzer nimmt entweder die Haltung ein: *"Okay, wenn ich keine Pornos haben kann, werde ich einen Weg finden, mich zu verdrücken."* Das nützt ihm aber nichts, wenn sein Job davon abhängt. Oder sie sagen: *"Gut, das hilft mir, meinen Konsum einzuschränken."* Das Ergebnis ist, dass sie statt ein oder zwei Tage, die sie auch nicht genossen hätten, eine ganze Woche lang abstinent bleiben. Während dieser erzwungenen Abstinenz warten sie aber nicht nur mental auf ihre Belohnung, sondern auch ihr Körper verlangt danach. Oh, wie wertvoll ist dieser Online-Harem-Besuch, wenn er endlich erlaubt wird.

Erzwungene Abstinenz reduziert den Konsum nicht wirklich, weil der Nutzer sich nur noch mehr vergnügt, wenn er endlich allein sein darf. Das Einzige, was es bewirkt, ist, dass die Nutzer merken, wie wertvoll Internetpornos sind und wie abhängig sie von ihnen sind. Der heimtückischste Aspekt dieser erzwungenen Abstinenz ist ihre Wirkung auf Jugendliche. Wir lassen es zu, dass die Entführer der "freien Meinungsäußerung", die Pornoproduzenten, unglückliche Jugendliche ansprechen, um sie überhaupt erst süchtig zu machen. Dann, in der wahrscheinlich stressigsten Zeit ihres Lebens, in der sie in ihrer verblendeten Vorstellung Pornos am dringendsten brauchen, erpressen wir sie, damit sie aufhören, weil sie sich damit selbst schaden.

Viele sind dazu nicht in der Lage und müssen unverschuldet für den Rest ihres Lebens unter einem Schuldkomplex leiden. Viele schaffen es und sind froh darüber, weil sie denken: *"Gut. Ich mache das jetzt und wenn es vorbei ist, bin ich sowieso geheilt."* Dann kommen der Schmerz und die Angst bei der Arbeitssuche und andere Kämpfe als Erwachsener, gefolgt von dem größten "Hoch" ihres Lebens - dem Finden eines Jobs. Der Schmerz und die Angst sind vorbei, jetzt fühlen sie sich sicher und der alte Auslösemechanismus kommt wieder in Gang. Ein Teil der Gehirnwäsche ist noch da und bevor der Geruch des neuen Arbeits-Laptops verflogen ist, steht der Nutzer an der Schwelle seines Lieblings-Online-Harems. Die Freude über das Ereignis verdrängt die unangenehmen Gefühle, sie haben nicht die Absicht, wieder süchtig zu werden, aber ein Blick kann nicht schaden... Zu spät! Sie sind schon wieder süchtig.

Das alte Verlangen des kleinen Monsters wird wieder einsetzen und selbst wenn sie nicht sofort wieder süchtig werden, wird sie die Depression nach dem Hochgefühl wahrscheinlich einholen. Es ist seltsam, dass, obwohl Heroinabhängige vor dem Gesetz Kriminelle sind, die Gesellschaft diesen Menschen hilft. Lasst uns die gleiche

Haltung gegenüber den armen Pornokonsumenten einnehmen. Sie tun es nicht, weil sie es wollen, sondern weil sie denken, dass sie es müssen. Im Gegensatz zu Heroinsüchtigen müssen sie meist jahrelang psychische und physische Qualen erleiden. Wir sagen immer, ein schneller Tod ist besser als ein langsamer, also beneide den armen Pornokonsumenten nicht. Sie verdienen dein Mitleid.

31 Ratschläge für NichtNutzer

31.1 Hilf deinen Porno nutzenden Freunden, dieses Buch zu lesen

Studiere zunächst den Inhalt dieses Buches und versuche, dich in die Lage des Nutzers zu versetzen. Zwinge sie nicht, dieses Buch zu lesen, indem du ihnen sagst, sie würden ihre Gesundheit ruinieren oder mit dem Feuer spielen. Sie wissen das besser als du. Die Nutzer schauen sich Pornos nicht an, weil es ihnen Spaß macht oder weil sie es wollen; sie erzählen das nur, weil sie sich selbst und anderen das einreden, um ihre Selbstachtung zu bewahren. Sie tun es, weil sie von Pornos abhängig sind, weil sie denken, dass es sie entspannt, ihnen Mut oder Selbstvertrauen gibt (Vergnügen oder Krücke) und weil sie das Gefühl haben, dass das Leben ohne "Sex", zumindest ihre Version davon, niemals angenehm sein wird. Wenn du versuchst, einen Nutzer zum Aufhören zu zwingen, wird er sich wie ein gefangenes Tier fühlen und seinen Harem noch mehr wollen. Das kann dazu führen, dass sie zu heimlichen Usern werden und Pornos in ihren Augen noch wertvoller werden.

Konzentriere dich stattdessen auf die andere Seite der Medaille.

Bringe sie in die Gesellschaft von Ex-Usern (Blogs, Foren, YBOP, NoFap, ect). Bring sie dazu, den Nutzern zu erzählen, wie auch sie dachten, sie wären für immer süchtig und wie viel besser das Leben als Nicht-Nutzer ist. Sobald du sie davon überzeugt hast, dass sie aufhören können, wird sich ihr Verstand öffnen. Dann erkläre ihnen die Täuschung, die durch die Entzugserscheinungen entsteht. Die "Dopaminschübe" geben ihnen nicht nur keinen Auftrieb, sondern zerstören auch ihr Selbstvertrauen und machen sie reizbar und müde.

Sie sollten jetzt bereit sein, dieses Buch selbst zu lesen und erwarten, dass sie seitenweise Geschichten über unzuverlässige Erregung, schwindende Penetration, PIED, PE usw. lesen werden. Erkläre ihnen, dass dieser Ansatz völlig anders ist und die Hinweise auf Krankheiten nur einen winzigen Bruchteil des Materials ausmachen.

31.2 Soll ich es meinem Partner sagen?

Sollte ich meiner Frau, Freundin oder Partnerin von meiner Gewohnheit erzählen? Die Absicht ist, dich beim Aufhören zu unterstützen. Hier spielen mehrere Faktoren eine Rolle.

Wenn du bereits mit der Willenskraftmethode gescheitert bist und deinem Partner oder deiner Partnerin davon erzählt hast, solltest du ihm oder ihr von deinem neuen Ansatz erzählen und ihm oder ihr die Möglichkeit geben, sich durch das Lesen des Buches zu informieren. Sie können dich während der Entzugsphase unterstützen und motivieren und sind eine starke Stütze, wenn das kleine Monster versucht, dir ein Bein zu stellen.

Wenn du erst jetzt von der Existenz der Pornofalle erfährst und noch nie versucht hast, aufzuhören, solltest du zunächst EasyPeasy selbst benutzen. Wie bereits erwähnt, sollte das eine angenehme Erfahrung sein. Wenn es dir jedoch schwerfällt, bitte um Hilfe. Wenn du deinem Partner gegenüber offen und verletzlich bist, wird das eure Beziehung stärken.

Solange du die Flucht genießt und sie nicht durch Unentschlossenheit erschwert wird, gibt es keinen Grund, es deinem Partner zu sagen. Wenn es in der Vergangenheit kein Problem war, dann lass es sein. Sei aber darauf vorbereitet, dass dein Partner sich wundern könnte, warum du besser aussiehst, dich besser fühlst und 'bessere' Leistungen erbringst!

31.3 Mein Partner lässt Pornos hinter sich

Pornografie ist ein perverser Zerstörer von Beziehungen und während man sofort aufhören kann, braucht die Heilung Zeit. Viele Nutzer lassen aufgrund irrationaler Überzeugungen, die aus ihrer Sucht entstanden sind, ihre Wut an Partnern und geliebte Menschen aus. Diese Verhaltensweisen äußern sich in Gaslighting (jemanden psychologisch manipulieren, sodass er seine eigene Vernuft anzweifelt), Lügen und manipulativen Verhaltensweisen.

Das ist nicht bei allen Betroffenen der Fall, kommt aber in späteren Stadien der Krankheit immer häufiger vor. Auch wenn diese Verhaltensweisen von der zugrunde liegenden Pornosucht herrühren, ist es wichtig, dass du dich über diese Verhaltensweisen informierst und, falls sie erkannt werden, einen auf Sexualsucht spezialisierten Therapeuten aufsuchst.

Wenn dein Partner in der Entzugsphase ist, gehe davon aus, dass er oder sie leidet, egal ob er oder sie es ist oder nicht. Versuche nicht, sein Leiden herunterzuspielen, indem du ihm sagst, dass es einfach ist, aufzuhören, das kann er selbst. Sag ihnen stattdessen immer wieder, wie stolz du bist, wie viel besser sie aussehen, wie viel schöner es ist, mit ihnen zusammen zu sein und wie viel einfacher sie im Allgemeinen sind. Es ist besonders wichtig, dies immer wieder zu tun, denn wenn ein Nutzer einen Versuch unternimmt, aufzuhören, können ihm die Euphorie des Versuchs und das Lob von ihm wichtigen Personen helfen. Sie neigen jedoch dazu, es schnell zu vergessen, also lob sie immer wieder.

Weil sie nicht über Pornos reden, denkst du vielleicht, dass sie es schon vergessen haben und nicht daran erinnert werden wollen. Bei der Willenskraft-Methode ist normalerweise genau das Gegenteil der Fall, da der Ex-Konsument dazu neigt, von nichts anderem besessen zu sein. Hab also keine Angst, das Thema anzusprechen und lobe sie immer wieder, sie werden dir schon sagen, wenn sie nicht erinnert werden wollen.

Bemühe dich, sie während der Entzugsphase zu entlasten und überlege dir, wie du ihr Leben interessant und angenehm gestalten kannst. Auch für Nichtkonsumenten, die die Sucht noch nie erlebt haben, kann dies eine schwierige Zeit sein. Wenn ein Mitglied einer Gruppe reizbar ist, kann das zu allgemeinem Unglück führen. Stell dich also darauf ein, dass der Ex-Konsument seine Gereiztheit vielleicht an dir auslässt, aber räche dich nicht, denn in dieser Zeit brauchen sie dein Lob und dein Mitgefühl am meisten. Wenn du dich selbst gereizt fühlst, was verständlich ist, versuche, es nicht an ihm auszulassen.

Einer der Tricks, die Süchtige anwenden, wenn sie versuchen, mit Hilfe der Willenskraftmethode aufzuhören, besteht darin, Wutanfälle zu bekommen, in der Hoffnung, dass ihr Partner oder ihre Freunde sagen: *"Ich kann es nicht ertragen, dich so leiden zu sehen. Um Himmels willen, nimm doch einfach dein Gift."* Der Nutzer muss also nicht sein Gesicht verlieren, er "gibt nicht auf", er wurde angewiesen. Wenn der Ex-Konsument diese Masche abzieht, solltest du ihn auf keinen Fall zu einem Rückfall ermutigen. Sage stattdessen: *"Wenn es das ist, was Pornos mit dir machen, bist du zum Glück bald frei. Wie schön, dass du den Mut hattest, aufzugeben."*

Denke daran, dass es auf dem Weg der Genesung zwei heilende Parteien gibt. Wenn dein Partner oder deine Partnerin mit Pornos aufhört, ist es wichtig, dass du ein eigenes Unterstützungsnetzwerk, Selbstfürsorgeroutinen und Grenzen hast. Dieser Prozess geht nicht von heute auf morgen und erfordert Vertrauen, Kommunikation und Verantwortlichkeit. Das Führen von Tagebüchern, das Entwickeln eigener Leidenschaften und vor allem eine Therapie unterstützen diesen Prozess.

31.4 Hilf mit, diesen Skandal zu beenden

Internetpornografie ist eine der Gefahren in einer freien Gesellschaft, die sich auf die gut gemeinten Bemühungen um persönliche Freiheiten stützt. Die Grundlage der Zivilisation, der Grund, warum die menschliche Spezies so weit fortgeschritten ist, liegt darin, dass wir in der Lage sind, unser Wissen und unsere Erfahrungen nicht nur einander, sondern auch zukünftigen Generationen mitzuteilen. Selbst Tiere finden es notwendig, ihre Nachkommen vor den Tücken des Lebens zu warnen.

Die Produzenten von Pornos tun dies nicht in gutem Glauben und in der Überzeugung, dass sie der Menschheit helfen, vor allem jetzt, wo die Sucht nach Internetpornos weithin untersucht wird. Vielleicht haben die Menschen in der Anfangsphase wirklich geglaubt, dass Pornos die Menschen über Intimität aufklären, aber die Behörden wissen, dass das ein Trugschluss ist. Sieh dir eine beliebige TubeSeite an, die heutzutage keine Behauptungen über Erziehung aufstellt. Die einzigen Behauptungen, die aufgestellt werden, beziehen sich auf den Schock, die Neuartigkeit und die eskalierenden Qualitäten ihrer Produkte.

Die schiere Heuchelei ist unglaublich: Als Gesellschaft regen wir uns über Mobbing in der Schule und die Objektivierung des menschlichen Körpers auf. Verglichen mit Internetpornos sind diese Probleme nur Pickel. Die Zahl der Süchtigen, die auf Kosten ihrer Gesundheit, Potenz, Energie und Zeit viel Zeit mit imaginären und illusorischen Pixelmenschen verbringen, steigt jedes Jahr in neue Höhen. Zehntausende von Leben werden jedes Jahr ruiniert, weil sie süchtig werden. Die Produzenten von Internetpornos machen keine Werbung in den gängigen Publikationen - das haben sie auch nicht nötig, denn unser biologischer Trieb führt uns zu den Schwellen ihrer gut bestückten Harems, in denen sie kostenlose Proben verteilen wie der örtliche Drogendealer. Heutzutage bieten die TubeWebsites weniger die Ware an, sondern ermutigen die Besucher, Inhalte zu posten.

Wie schlau, dass Pornofirmen die 18+-Warnung auf der Startseite anzeigen, um minderjährige Nutzer abzuschrecken - manche machen sich nicht einmal die Mühe, das zu tun. Internetpornos betreffen jeden, egal welchen Alters. *"Wir haben dich vor der Gefahr gewarnt, es ist deine Entscheidung"*, lautet ihre Haltung. Ergreifen sie irgendwelche Maßnahmen, um das Alter zu überprüfen? Nein, das würde ihre Kunden abschrecken. Wenn eine Altersüberprüfung gesetzlich vorgeschrieben wird, suchen sie sich natürlich einfach ein anderes Land, von dem aus sie arbeiten. Oder werden sie eine "Elite" dafür bezahlen, darüber zu schreiben, wie die Prohibition zu Alkoholschmuggel und der Entstehung der Mafia geführt hat? Die Frage, warum die Aufhebung der Prohibition nicht dazu geführt hat, dass die Zahl der alkoholbedingten Todesfälle gesunken ist und dass die Strafverfolgungsbehörden das Wachstum der Mafia nicht kontrollieren konnten, wird leider vergessen.

Wir können dies anders angehen, indem wir die junge Generation aufklären. Wenn sie die Zigaretten- und Alkoholregale in Lebensmittelläden umgehen können, können sie das auch mit Internetpornos tun. Wir sehen bereits gesellschaftliche Veränderungen wie "No Nut November" und "Coomer"-Memes, die zum Mainstream werden. Der Nutzer hat genauso wenig die Wahl wie der Heroinsüchtige. Die Konsumenten entscheiden sich nicht dafür, süchtig zu werden, sie werden in eine subtile Falle gelockt. Hätten sie die Wahl, wären die einzigen Konsumenten morgen früh Jugendliche, die gerade erst anfangen und glauben, dass sie jederzeit aufhören können, wenn sie es wollen.

Warum die falschen Normen? Warum werden Heroinabhängige als Kriminelle angesehen, können sich aber als Süchtige registrieren lassen und erhalten Methadon und eine angemessene medizinische Behandlung, um davon loszukommen? Versuch doch mal, dich als Pornosüchtiger anzumelden. Wenn du deinen Arzt um Hilfe bittest, wird er dir entweder sagen: *"Hör auf, so viel zu konsumieren, versuch es in Maßen"*, was, wie du bereits weißt, nicht funktionieren wird, oder sie verschreiben dir Medikamente gegen deine "Depression". Noch schlimmer ist der Ratschlag, dir einen richtigen Partner zu suchen, ernsthaft? Wissen sie von Nutzern, die Pornos besser finden und es hinter dem Rücken ihres Partners tun? Manche Leute verstehen es einfach nicht.

Panikmache hilft den Nutzern nicht, aufzuhören, sondern macht es noch schwieriger. Sie machen den Nutzern nur Angst, was dazu führt, dass sie noch mehr schauen wollen. Außerdem verhindern sie nicht, dass Teenager süchtig werden. Teenager wissen, dass Pornos ihre Libido töten, aber sie wissen auch, dass ein einziger Blick nicht ausreicht. Weil die Gewohnheit so weit verbreitet ist, werden die Teenager früher oder später durch sozialen Druck oder Neugierde einen einzigen Besuch wagen. Da kostenlose Pornos schreckliche Clips enthalten, ist es wahrscheinlich, dass sie süchtig werden.

Warum lassen wir zu, dass dieser Skandal weitergeht? Warum führt unsere Regierung keine richtige Kampagne durch? Warum sagt sie uns nicht, dass Internetpornos eine Droge und ein tödliches Gift sind, dass sie dich nicht entspannen oder dir Selbstvertrauen geben, sondern deine Nerven zerstören und du nur einen Blick brauchst, um süchtig zu werden? Warum können sie nicht eine Altersverifizierung durchsetzen, indem sie eine registrierte Kreditkarte verlangen, vielleicht bei einer dritten Partei? H. G. Wells Text *"Die Zeitmaschine"* *(original: The Time Machine)* beschreibt einen Vorfall in der fernen Zukunft, bei dem ein Mann in einen Fluss fällt. Seine Begleiter sitzen nur wie Vieh am Ufer und nehmen die Verzweiflungsschreie nicht wahr. Unmenschlich und verstörend, genau wie die allgemeine Apathie der Gesellschaft gegenüber der Pornokrise.

Es weht ein frischer Wind in der Gesellschaft. Ein Schneeball hat begonnen, den Berg hinunterzurollen, und ich hoffe, dass dieses Buch dazu beitragen wird, ihn in eine Lawine zu verwandeln. Auch du kannst helfen, indem du die Botschaft verbreitest.

31.5 Letzte Warnung

Jetzt kannst du den Rest deines Lebens als glücklicher Nichtnutzer genießen. Um das sicherzustellen, musst du diese einfachen Anweisungen befolgen.

1. Bewahre diese Seite in deinen Lesezeichen auf und beziehe dich darauf, so oft du willst.

2. Wenn du jemals anfängst, einen anderen Nutzer zu beneiden, mach dir klar, dass er dich beneiden wird. Du bist nicht benachteiligt. Sie sind es.

3. Erinnere dich daran, dass es dir keinen Spaß gemacht hat, ein Nutzer zu sein. Deshalb hast du aufgehört. Du genießt es, ein Nicht-Nutzer zu sein.

4. Denke daran, dass es 'nur einen Blick' nicht gibt.

5. Zweifle nie an deiner Entscheidung, nie wieder Pornos zu schauen. Du weißt, dass es die richtige Entscheidung ist.

6. Wenn du Schwierigkeiten hast, suche dir einen Therapeuten, der sich mit Internetpornos auskennt, und kontaktiere ihn. Du kannst Listen davon online finden.

32 Die Anweisungen

1. Befolge alle Anweisungen.

2. Sei unvoreingenommen.

3. Beginne mit einem Gefühl der Begeisterung.

4. Ignoriere alle Ratschläge und Einflüsse, die im Widerspruch zu EASYPEASY stehen.

5. Widerstehe jedem Versprechen einer vorübergehenden Lösung.

6. Mach dir klar, was du willst: Pornos bieten kein echtes Vergnügen oder eine Stütze und du bringst kein Opfer. Es gibt nichts aufzugeben und keinen Grund, sich benachteiligt zu fühlen.

7. Warte nicht mit dem Aufhören, tu es jetzt!

8. Triff die Entscheidung, nie wieder zuzuschauen, und stelle sie nicht in Frage.

9. Denke daran, dass es 'nur einen Blick' nicht gibt.

10. Sieh dir nie wieder Pornos an.

32.1 Affirmationen

- Ich bin frei von der Sklaverei der Pornos.
- Es ist leicht, meine Gedanken an Pornos zu ignorieren.

- Bye bye Gedanken, bye bye Verlangen. Oh, da geht mein Verlangen.
- Ich fokussiere mein Unterbewusstsein, um die Pornosucht zu überwinden.
- Porno raubt mir Zeit, Energie und Lebenskraft.
- Die Pornosucht zu besiegen wird von Tag zu Tag und in jeder Hinsicht exponentiell leichter.
- Ich genieße und schätze meinen pornofreien, starken, glücklichen, leichten und unbeschwerten Lebensstil.
- Wenn ich zurückblicke und über meine Fortschritte nachdenke, erfüllt mich das mit großer Freude und Stolz auf mich selbst.
- Jedes Mal, wenn ich andere Pornokonsumenten sehe, werde ich noch motivierter, selbst diese Kette zu durchbrechen.
- All diese angesammelte Energie heilt meinen Körper und meinen Geist. Dann kann ich produktiver und anspruchsvoller an meinen Werten und Zielen arbeiten.
- Mein Gehirn wird wieder in die richtige Form gebracht und trainiert, indem ich das tue, was ich vorher *nicht* getan habe.
- Jetzt wird die ganze angesammelte Willenskraft genutzt, um mit den leichten Belastungen des Lebens umzugehen.
- Großartig, ich bin frei und nicht länger ein Sklave!

33 Das Ende des Buches

Hallo noch mal, vielen Dank, dass du dieses Buch gelesen hast.

Freiheit ist unglaublich, nicht wahr! Das Originalbuch des Hackautors hat mein Leben buchstäblich verändert und seitdem läuft es wie am Schnürchen. Natürlich danke ich auch dem verstorbenen Allen Carr, der unzähligen Menschen geholfen hat, der Suchtfalle zu entkommen.

Wenn dieses Hackbook dir geholfen hat, kannst du ein paar Dinge tun, um zu helfen:

Empfehle EasyPeasy.

Freunde lassen ihre Freunde nicht mit der Willenskraftmethode leiden. Wenn du einen Ratgeber, einen Beitrag oder jemanden im Internet siehst, der Willenskraft erwähnt, verlinke das Buch und frage, warum sie nicht EasyPeasy benutzen. Es braucht nur einen Link, um jemanden vor der bösen Falle zu retten. Wenn du ein Kind bist, dann versuche vielleicht, Pornos in dein Aufklärungsprogramm aufzunehmen. Anstatt ein "basierter und rotgefärbter Fortnite Memelord" zu sein, könntest du tatsächlich etwas tun.

Verbessere das Buch.

EasyPeasy ist Open Source und in LaTeX geschrieben. Wenn dir eine Verbesserung auffällt, gehe zu Gitlab und reiche deine Vorschläge ein. Ich würde auch gerne deine Erfahrungen auf r/pmohackbook hören, aber lösche stattdessen lieber gleich reddit, wenn du einen Account hast. Um bei meinem vorherigen Punkt zu bleiben: Lösche alle sozialen Medien, denn sie sind eine Droge, die deine

Aufmerksamkeit raubt. Ohne sie geht es dir wirklich besser und es ist leicht, mit ihnen aufzuhören. EasyWay hat sogar ein Buch darüber, das ich allerdings nicht gelesen habe. Verfolge zumindest, wie viel Zeit du mit deinen Geräten verbringst.

Vor COVID war ich in Neuseeland. Wusstest du, dass die beste Art, einem Jetlag vorzubeugen, darin besteht, sechzehn Stunden vor dem Aufwachen zu fasten und möglichst wenig Wasser zu trinken? Das gilt nicht nur für den Jetlag, sondern auch, wenn dein Tagesrhythmus aus irgendeinem Grund aus dem Gleichgewicht geraten ist, z. B. weil du lange aufgeblieben bist und dir Pornos angeschaut hast, kann das helfen.

Wenn du schon eine schlechte Angewohnheit loswirst, warum nimmst du nicht stattdessen eine gesunde auf?

Meditation ist Liegestütze für dein Gehirn. Achtsamkeit ist vielleicht eines der wichtigsten Werkzeuge, die man in der heutigen Zeit kultivieren sollte, und sie ist eine praktikable Fähigkeit. Es ist wichtig, die Lehren des Buddha vom Buddhismus zu trennen - der Meister Lin Chi aus dem neunten Jahrhundert soll gesagt haben: "Wenn du den Buddha auf der Straße triffst, töte ihn." Außerdem hast du gerade etwas Zeit in deinem Tag frei, also sollte es sich gut einfügen. Ich empfehle die App *Waking Up*, die du unter dem unten stehenden Link einen Monat lang kostenlos nutzen kannst. Sam Harris ist so ein toller Kerl, dass du ein kostenloses Jahr anfordern kannst, wenn du es dir nicht leisten kannst.

Die Befreiung von Pornografie wird wahrscheinlich Fragen zu Beziehungen aufwerfen. Wenn du Probleme bei der Partnersuche oder in einer Beziehung hast, empfehle ich **unbedingt** das Buch *Models* von Mark Manson, in dem es um Bedürftigkeit, Verletzlichkeit und ihre Auswirkungen geht. Ich würde es sogar jedem empfehlen. Ich bin auch froh, dass ich nicht in die Pick-upArtist- oder Incel-Falle getappt bin, denn das ist wirklich nicht gesund; referenziere mich nicht mit @!

Du solltest auch anfangen zu trainieren, mein Lieblingsbuch zu diesem Thema ist *The Leangains Method* von Martin Berkhan. Egal ob Mann oder Frau, egal welchen Alters, Gewichtheben ist so ziemlich der beste Weg, um gesund und fit zu bleiben. Ich kann gar nicht genug betonen, dass es verdammt gut ist, sich gesunde Gewohnheiten anzueignen, statt sich hinzusetzen und zu konsumieren. Du kannst entweder deine Laster kontrollieren oder dich von ihnen kontrollieren lassen. Ein Zitat aus *Exiting Modernity*

–

"Zu spät ist kein Alter oder eine Zeit; zu spät ist, wenn Müdigkeit zur Unterwerfung führt und du dich selbst völlig vergisst, ein potenzieller Mensch, der sich in Nichts auflöst"

Letztlich sind das alles nur Vorschläge. Was würdest du gerne erreichen? Du bist frei von dieser schrecklichen Falle und kannst dieses Geschenk nutzen, wie du willst.

Die pornografische Hydra ist außer Kontrolle geraten. Obwohl die

Gesellschaft nur langsam reagiert, bin ich optimistisch, denn jede Person, die entkommt, beschleunigt den Schneeball. Denke immer daran, was du erreichen kannst, wenn du deine Energie bündelst und dich für lokale Themen einsetzt, die dir am Herzen liegen, wie Nachhaltigkeit, Sexualerziehung und andere. Beschwere dich nie, sondern sei proaktiv und frage dich, wie du die Welt um dich herum beeinflussen kannst. Erinnere dich daran, dass eine Revolution von oben nach unten noch nie funktioniert hat: Veränderung beginnt bei dir selbst.

Prost Kumpel,

Hackauthor[2]

Ressourcen

Meditationen eines Pornosüchtigen - Guillaco

EasyPeasy Aussagen Checkliste - SWATxKATS

9 Minuten Meditation - Sam Harris

Kostenloser einmonatiger Waking Up Meditationskurs - Sam Harris

Ausstieg aus der Moderne - Meta Nomad

Brief, den ich an Schulen schicke

Freiheit für immer (PMO Hacknotes)

Warum du rückfällig wirst - u/Different_Guide_5205

Gegen die Angst - u/Different_Guide_5205

REBT Bewältigungssätze

- *"Ich kann mit PMO aufhören, auch wenn es 'schwer' zu sein scheint. Es ist nicht zu schwer, und egal, wie viel Mühe es kostet, es ist es wert!"*

- *"Wenn ich mein starkes Verlangen nach PMO ignoriere und ihm nicht nachgebe, wird es mir immer leichter fallen, ihm zu widerstehen."*

- *"Ich kann mich selbst vollständig und bedingungslos akzeptieren - ja, sogar mit all meinen Fehlern und Schwächen"*

- *"PMO scheint meine Probleme schnell zu"heilen", macht sie aber nur noch schlimmer."*

- **"Manchmal würde ich meine Probleme gerne in PMO ertränken, aber das ist kein Grund, es zu tun.

- *"Am unangenehmsten ist es, wenn ich nicht das bekomme, was ich wirklich will. Aber es ist nicht furchtbar oder schrecklich, solange ich mich nicht dafür entscheide, es zu glauben, und ich mich dafür entscheide, etwas Realistischeres und Hilfreicheres zu glauben."*

- *"Ich werde ungerechte Behandlung nie mögen, aber ich kann sie verdammt gut ertragen und vielleicht Pläne schmieden, um sie zu verhindern.

- *"Egal, wie oft ich bei dieser wichtigen Aufgabe versage, mein Versagen macht mich nicht zu einer inkompetenten Laus. Es macht mich nur zu einer Person, die zu diesem Zeitpunkt vielleicht inkompetent gehandelt hat.

- *"Ich brauche das, was ich will, nicht unbedingt, aber ich kann trotzdem einigermaßen glücklich sein, wenn auch nicht so glücklich, wie wenn ich es nicht bekomme."*

- *"Ich möchte bei meiner Arbeit am liebsten hervorragend sein, aber das muss ich nicht. Schade, wenn ich es nicht bin, aber das macht mich nicht minderwertig. Ich kann immer versuchen, es besser zu machen, ohne es besser machen zu müssen."*

- *"Viele Dinge können dazu beitragen, dass ich traurig und enttäuscht bin, aber wenn ich verlange und befehle, dass es diese Dinge nicht geben darf, dann mache ich mich selbst panisch, deprimiert und wütend."*

- *"Ja, ich habe oft versäumt, das zu tun, was ich versprochen habe, aber das heißt nicht, dass ich dieses Versprechen nicht einhalten kann oder will."*

- *"Ich hasse es wie die Hölle, ängstlich und deprimiert zu sein, aber ich muss diese Gefühle nicht sofort mit PMO auflösen. Wenn ich PMO mache, geht es mir vorübergehend besser mit meinen Problemen, aber ich werde nicht besser. Auf lange Sicht macht PMO sie nur noch schlimmer."*

- *"Menschen ärgern mich nicht, indem sie mich schlecht behandeln. Ich entscheide mich stur dafür, mich über ihre schlechte Behandlung zu ärgern, indem ich verlange und befehle, dass sie sich besser verhalten."*

Die Kombination von EasyPeasy mit Jack Trimpeys Addictive Voice Recognition Technique (AVRT)

Credit to az#8773 on Discord

Dies ist für Menschen, die Schwierigkeiten haben, Allen Carrs Easyway-Methode anzuwenden, um sich von einer Sucht zu erholen, obwohl die Gehirnwäsche entfernt wurde. Ich gehe davon aus, dass jeder, der das hier liest, eines der Bücher von Allen Carr gelesen und seine Easyway-Methode (auch bekannt als Easypeasy) verstanden hat. Falls nicht, empfehle ich das dringend. Es wäre auch hilfreich, wenn du "Rational Recovery" von Jack Trimpey lesen würdest. Wenn du es nicht gelesen hast, ist das kein Problem, denn ich werde hier nur die Grundlagen behandeln, aber ich empfehle dir, es trotzdem zu lesen, denn es geht viel mehr ins Detail als ich. Dieser Artikel ist nicht auf eine bestimmte Sucht ausgerichtet und kann daher auf jede Sucht angewendet werden. Der Zweck dieses Textes ist es, Easyway mit einer anderen erfolgreichen Suchtmethode namens "Addictive Voice Recognition Technique" (AVRT) zu vergleichen und beide miteinander zu kombinieren. Obwohl ich glaube, dass Easyway allen anderen Methoden zur Suchtbewältigung bei weitem überlegen ist, glaube ich, dass das Verständnis von AVRT auch das fehlende Glied für so viele sein könnte, die mit Easyway scheitern, obwohl sie das große Monster getötet haben.

Es gibt viele konkurrierende Methoden zur Überwindung der Sucht, jede mit unterschiedlichen Erfolgsquoten. Ich werde keine von ihnen erwähnen, weil die meisten davon Zeitverschwendung sind und ich mich so kurz wie möglich fassen möchte. Die einzigen Methoden, über die ich schreiben werde, sind Allen Carrs Easyway und Jack Trimpeys (Gründer von Rational Recovery) AVRT. Beide Methoden haben extrem hohe Erfolgsquoten, aber jede zielt auf eine andere Sache ab. Easyway und AVRT ähneln sich darin, dass Easyway die Sucht in das "kleine Monster" und das "große Monster" unterteilt und AVRT deinen Verstand in die "süchtige Stimme" (auch bekannt als das Biest) und "dich". Die süchtige Stimme und das kleine Monster sind ein und dasselbe, und das große Monster (auch bekannt als Gehirnwäsche) ist das Glaubenssystem, das dich glauben lässt, dass deine Sucht dir eine Art Vorteil oder Krücke verschafft. Easyway konzentriert sich auf die Beseitigung des großen Monsters ohne Rücksicht auf das kleine Monster, während AVRT sich auf das kleine Monster ohne Rücksicht auf das große Monster konzentriert. Während Easyway die psychologische Sucht zerstört, lehrt dich AVRT, die körperliche Sucht zu erkennen, die sich als dich ausgibt, und dich von ihr zu trennen. Ich finde es interessant, dass Easyway und AVRT beide sehr hohe Erfolgsquoten haben, obwohl sie sich auf das Gegenteil konzentrieren.

Obwohl ich der Meinung bin, dass Easyway allen anderen Methoden zur Suchtentwöhnung weit überlegen ist und ich es vor allen anderen

Methoden empfehle, kann ich zwei kleine Schwachstellen ausmachen. Erstens finde ich, dass er das kleine Monster unterschätzt. Ich möchte hier keine persönlichen Anekdoten erzählen, aber aus meinen Erfahrungen und den Erfahrungen anderer scheint es, dass einige von uns bei Easyway scheitern, und zwar nicht, weil wir das große Monster nicht vollständig beseitigt haben (obwohl das durchaus passieren kann), sondern weil wir das kleine Monster unterschätzt haben. Das kleine Monster ist für die meisten Menschen kein Problem, was die hohen Erfolgsquoten von Easyway erklärt, aber für andere, mich eingeschlossen, kann es ein Problem sein. Das zweite Problem ist, dass Easyway behauptet, dass alle Misserfolge darauf zurückzuführen sind, dass man entweder die Anweisungen nicht befolgt oder das große Monster nicht entfernt hat.

Der Grundgedanke von Easyway ist folgender. Die Sucht hat zwei Komponenten: die körperliche Sucht nach Dopamin und die psychologische Sucht, die aus der Überzeugung (Gehirnwäsche) besteht, dass deine Sucht dir eine Art Vergnügen oder eine Krücke verschafft. Diese beiden Komponenten werden das kleine und das große Monster genannt. Laut Easyway ist das kleine Monster nichts weiter als ein leeres, leicht unsicheres Gefühl, das kaum wahrnehmbar ist. Sobald du das große Monster tötest, indem du die Gehirnwäsche rückgängig machst, indem du lernst, dass deine Sucht keinen Nutzen hat und dass jedes vermeintliche Vergnügen oder jede Krücke nur eine Illusion ist, und - was genauso wichtig ist - dass du nichts von einem Leben ohne deine Sucht zu befürchten hast, verschwindet das Verlangen. Das Verlangen rührt von deiner Angst her, dass das Leben ohne deine kleine Krücke unerträglich wäre, was dazu führt, dass du am Aufhören zweifelst, was das Verlangen ist. Du überwindest die Angst, indem du dir bewusst machst, wie viel angenehmer dein Leben ohne deine Sucht sein wird, und du behältst dieses Hochgefühl bei.

Ich glaube zwar, dass dies die beste Methode ist, um sich von einer Sucht zu erholen, aber sie legt keinen Wert auf das kleine Monster, denn theoretisch wird das hilflose, machtlose kleine Monster von selbst verkümmern und sterben, wenn man sich erst einmal um das große Monster gekümmert hat, und es ist sowieso kaum wahrnehmbar, also wen kümmert es. Das kleine Monster mag für viele Menschen unbedeutend sein, aber aus meinen eigenen Erfahrungen und denen anderer scheint das nicht immer der Fall zu sein. Wenn Menschen mit Easyway scheitern, gibt es laut Easyway nur 2 mögliche Gründe: Entweder hast du die Anweisungen nicht richtig befolgt oder du hast es versäumt, das große Monster zu entfernen. Ich glaube, dass das nachteilig ist und werde später erklären, warum.

Die Addictive Voice Recognition Technique (AVRT) trennt das Gehirn in zwei Teile: das untere Gehirn (limbisches System), in dem sich deine Sucht befindet, und das höhere Gehirn (präfrontaler Cortex), in dem du (oder zumindest deine Gedanken und dein Ego) sitzt. Jack Trimpey nennt die süchtige Stimme die Bestie, weil sie im tierischen Teil unseres Gehirns sitzt und nur eines weiß: "ICH WILL ES UND ICH WILL ES JETZT". Ich selbst finde es nicht hilfreich, sie als Bestie zu bezeichnen, aber es ist wohl besser, als zu glauben, sie sei du selbst. Die süchtige Stimme (AV, kleines Monster) wird deine Gedankenstimme kapern und sie gegen dich verwenden, um dich dazu zu bringen, deiner Sucht nachzugeben. Sie muss das tun, weil sie deine motorischen Funktionen nicht selbst kontrollieren kann. Du kannst das jetzt ausprobieren: Hebe deine Hand vor dein Gesicht und wackle mit den Fingern. Bitte jetzt deine Sucht, das Gleiche zu tun. Das kann sie nicht. Das bedeutet, dass du letztendlich die Kontrolle darüber hast.

![Das "Zwei-Gehirn-Modell" der Sucht] (images/avrt.png)

Das AV kapert nicht nur deine Gedankenstimme, sondern versteckt sich auch hinter dem Pronomen "Ich". Sie sagt: "Ich könnte X jetzt wirklich gut gebrauchen", "Ich vermisse es wirklich, X zu tun", "Wäre es nicht schön, X jetzt zu tun, schließlich habe ich es nach dem heutigen Tag verdient." AVRT betont die Tatsache, dass du nicht deine süchtige Stimme bist, sondern nur denkst, dass du es bist. Wenn du die AV als "nicht du" erkennst und Nein zu ihr sagst, lässt sie das "Ich" fallen und beginnt, "du", "uns" oder "wir" zu verwenden. Das ist der Beweis dafür, dass es nicht du bist.

Wenn du "Nein" zu deinem AV sagst, passiert genau das: Aus "Ich könnte X jetzt wirklich gut gebrauchen" wird "Ach komm, du könntest X jetzt wirklich gut gebrauchen und du weißt es". Aus "Ich vermisse X wirklich" wird "Ach komm, du vermisst X wirklich, merkst du das nicht?" Aus "Wäre es nicht schön, jetzt X zu tun, schließlich habe ich es nach dem heutigen Tag verdient?" wird "Wir haben es verdient, jetzt X zu tun, nach allem, was wir durchgemacht haben, wie kannst du uns das verweigern?"

An dieser Stelle muss ich etwas klarstellen. Dies ist nicht das "Tauziehen", von dem Allen Carr spricht. Das "Tauziehen" ist eine kognitive Dissonanz, bei der du zwei oder mehr widersprüchliche Glaubenssysteme hast und die entsteht, wenn du das große Monster nicht tötest. "Ich will X wirklich nicht tun, weil es sich negativ auf mich auswirkt, aber es macht mich auch X, also will ich es tun". Das ist das Tauziehen und das Werk des großen Monsters. Sobald das große Monster durch die Beseitigung der Gehirnwäsche tot ist, kommen die einzigen Stimmen, die dir sagen, dass du deine Sucht ausleben sollst, von dem kleinen Monster (dem AV). Da das AV das Pronomen "ich" verwendet, ist es möglich, das AV mit dem großen Monster zu verwechseln.

Es ist auch wichtig, darauf hinzuweisen, dass der AV ein großer Lügner ist. Sein einziges Interesse ist es, Dopamin zu bekommen, koste es, was es wolle. Dein AV wird versuchen, dich davon zu überzeugen, dich in potenziell tödliche Situationen zu begeben, wenn du dadurch einen Schuss bekommst.

Vorhin sagte ich: "Wenn Menschen mit Easyway scheitern, gibt es laut Easyway nur 2 mögliche Gründe: Entweder hast du die Anweisungen nicht richtig befolgt oder du hast es versäumt, das große Monster zu entfernen. Ich glaube, dass das nachteilig ist und werde später erklären, warum." Ich glaube, dass dies schädlich ist, weil das Nicht-Erkennen der AV bei mir und anderen, die Easyway benutzt haben, dazu geführt hat, dass wir fälschlicherweise glaubten, das große Monster nicht vollständig getötet zu haben, so dass wir das Buch erneut gelesen haben, um zu versuchen, die Gehirnwäsche erneut zu töten, obwohl wir es bereits getan haben. Wenn du die AV nicht erkennst und glaubst, dass "wenn du mit Easyway gescheitert bist, bedeutet das, dass du das große Monster nicht getötet hast", wirst du deine Bemühungen erneut auf das große Monster richten, obwohl es bereits besiegt ist. Du könntest in einen Kreislauf geraten, in dem du die Bücher von Allen Carr immer wieder liest, eine Weile durchhältst und dann immer wieder rückfällig wirst.

Wenn der AV etwas sagt wie "Ich will jetzt X tun, weil es mich zu X macht", denkst du vielleicht: "Aber ich weiß, dass das nicht stimmt, warum glaube ich es dann noch? Habe ich es versäumt, die Gehirnwäsche vollständig rückgängig zu machen". Die Wahrheit ist, dass du die Gehirnwäsche entfernt hast, was sich darin zeigt, dass du es besser weißt, als das, was dein AV dir erzählt. Du denkst nur, dass das AV du bist, weil es das Pronomen "ich" benutzt. Wenn du das AV erkennst und es zwingst, sich zu offenbaren, indem es das "ich" durch "du", "wir" oder "uns" ersetzt, sollte dir klar werden, dass es nicht das große Monster ist, sondern das kleine Monster. Wenn es tatsächlich das große Monster wäre, würde es nicht das "I" für "du", "wir" oder "uns" ersetzen.

Wenn der AV sagt: "Bitte, können wir X nur noch einmal machen, um der alten Zeiten willen, nur noch einmal?" und du "Nein" sagst, wirst du vielleicht eine emotionale Reaktion spüren. Du fühlst vielleicht Angst oder Traurigkeit. Es ist sehr wichtig zu erkennen, dass dieses Gefühl nicht von dir kommt, sondern von ihm. Wenn du nicht in der Lage bist, das AV zu erkennen, wirst du denken, dass dieses Gefühl von dir kommt und eher dazu neigen, nachzugeben. Erkenne die AV und die Tatsache, dass die Emotionen, die von ihr ausgehen, nicht von dir kommen, und freue dich dann darüber.

Wenn du diese beiden Methoden zusammen anwendest (falls nötig, denn nicht alle Menschen scheinen ein Problem mit dem kleinen Monster zu haben) und ein Gefühl der Freude und des Hochgefühls aufrechterhältst, wann immer du das AV erkennst, ist der Erfolg dein.